# Tetka iz Amerike

Al Semlin

Published by Al Semlin, 2024.

While every precaution has been taken in the preparation of this book, the publisher assumes no responsibility for errors or omissions, or for damages resulting from the use of the information contained herein.

TETKA IZ AMERIKE

**First edition. December 20, 2024.**

Copyright © 2024 Al Semlin.

ISBN: 979-8227154071

Written by Al Semlin.

# Also by Al Semlin

SUPERHERO Fortis
SUPERHERO 2: Teo
Tetka iz Amerike

# Sadržaj

# Odlazak

Gabrijelin i moj povratak u rodnu Srbiju je izgleda teže pao našim najbližima nego nama samima. Ali ne zato što nas nisu bili željni, ipak šest godina bez sina, to jest ćerke, koji žive "preko" je prilično dugačak period da se čovek uželi i komšije, a kamoli rođenog deteta. Okolnosti pod kojima smo se vratili kući su bile te koje su mučile i njene i moje roditelje.

Sa tačke gledišta Gabrijelinih roditelja, ona je u Dubaiju napustila odličnu i perspektivnu karijeru stjuardese, i bez obzra što otvoreno nisu priznavali svoje razočarenje, mislim da je vrlo česta konstatacija: "I šta kažeš, niste mogli da izdržite bar još godinu- dve?! Pa, dobro ako vi tako kažete...", sasvim dovoljna da shvatim da smo trebali da zbog dobrih plata zanemarimo Gabrijelino zdravlje i zadržimo se bar još neko vreme.

Moji su istu brigu iskazvali na drugačiji način, a rečenica koja je kod njih preovladavala je: "Crni sine, šta ćete sad!?", nastavljajući da se danas dobar posao vrlo teško nalazi, da smo priliku koju smo dobili vrlo lako odbacili zbog tamo nekog "napada panike", i kako ni njima nije lako na svojim poslovima, ali trpe jer je život prosto takav.

Ni jedni ni drugi nisu mogli da razumeju da je napad panike zdravstveni problem koji je svuda u svetu vrlo ozbiljno tretiran, ali eto, očigledno da u Srbiju još nije stigao, i da su naši sunarodnici imali više saosećanja za uduvavanje promaje u predelu dveju lopatica nego za ovu psihičku ili koju već zdravstvenu dijagnozu.

U našoj domovini Gabrijelino zdravstveno stanje se zvalo izvoljevanje mladih koji imaju nerealne snove da im sve bude potaman i traženje života kakav ne postoji.

Baš zbog jednog takvog razgovora sa predstavnikom tipične srpske mantre "ćuti-radi-trpi", svojim ocem, desila nam se Amerika.

"Znači to je to, definitivno, ne vraćate se u Dubai?", upita Dragan kao da nikad do tada nije čuo šta se desilo, i kao da već desetak puta nismo pričali o ovome.

"Da, dali smo otkaz, to je to, idemo dalje.", odgovorio sam smireno koliko god sam mogao, mada me je užasno nerviralo što po ko zna koji put prelazimo ovu temu.

"I ti si isto dao otkaz?"

"Jesam."

"Hmmmm...", poče da uzdiše kao da se sprema da kaže i ono što misli i što ne misli, ali bi se po starom dobrom običaju uvek zaustavio na uzdahu.

"Šta te muči Dragane?"

"Ništa, ništa..."

"Pa ne misliš valjda da smo trebali da ostanemo?!"

"Pa Gabrijela ne, ako je taj problem stvarno toliko ozbiljan."

"A ja?"

"Pa ti si mogao da sačekas malo."

"I da ostavim ženu?", cinično sam ga potkopao upadicom, iako sam znao da nije tako mislio.

"Ma ne, ne kažem da si trebao da je ostaviš, ali možda da si malo sačekao da vidiš kako će se stvari odvijati. Eto sad ste nezaposleni oboje. Njoj treba odmor, to razumem. A ti? Šta ćes ti sad raditi?"

"Naćiću drugi posao."

"Pa ti nisi normalan! Ti misliš da se posao tako lako nalazi? Da samo tebe čekaju?!"

"Mislim da svakako ne treba da radim protiv svolje volje. Jednostvano nisam hteo da ostanem tamo bez nje. Ljubav pre svega!", izgovorio sam poslednju rečenicu vrlo teatralno, mada sam zaista tako mislio. Pogođen mojom teatralnošću, Draganče se propeo laktovima iz fotelje koja je već odavno poprimila njegov oblik stražnjice, i neispuštajući cigaru iz ruke, odbrusio:

"Eh vi mladi, mislite da se od ljubavi živi!? Shvatate sve tako olako! Znaš li koliko ima košarkaških trenera u Srbiji bez posla!? I sad ćeš ti tek tako da se pojaviš i kreneš da radiš!?"

"Ko kaže da ću naći posao u Srbiji? Ja da sam se nadao poslu u Srbiji ne bih ni otišao u Dubai."

"Pa dobro pametnjakoviću, gde ćes naći posao?"

"Šta ja znam, Italija, Amerika... tamo gde ima posla?"

"Amerika!? Pa ti stvarno nisi normalan! Znaš li ti kako je teško naći posao danas!? Pa još u Americi, da ne pominjem dobiti vizu!? Ajde u Italiji još i nekako, blizu je, ali u Amrerici!"

"E sad ću tebi iz inata tražiti posao samo u Americi!", odgovorio sam mu tako samo da bih terao inat, mada je to bio modus operandi naše komunikacije već dugi niz godina, možda čak od mojih pubertetskih dana, i koji se meni očigledno uvek dobro isplatio. Tako je, na primer, kada sam trebao da sastavim spisak srednjih škola koje ću upisati, Dragan čvrsto tvrdio da treba da izbegavam gimnazije u širokom luku, ali ne zato što su to loše škole, nego zato što je bio ubeđen da ja to ni u ludilu ne bih mogao da završim, a iako završim, posle bih trebao da završim fakultet, što je po njegovim tvrdnjama bilo ravno odlasku na mesec vazdušnim balonom.

Njegove tvrdnje rezultirale su tome da se na mojoj listi škola nađe petnaest gimnazija, od kojih je Zemunska Gimnazija kao druga moja želja, bila moj uspešni četvorogodišnji izazov. Srednja škola je završena, kao i fakultet, a danas se moj dobri Dragan če nevešto pravda kako se on tog perioda ne seća baš najbolje, i da je, ako je tako i bilo, on sve to pričao i radio za moje dobro, a i verovatno sam ja to loše razumeo tad, jer sam bio mlad i zelen, a ni sad nisam mnogo bolji, po njegovim narativima.

Cela ta generacija, generacija mog oca, odrastala je i stasavala u nekom totalno drugom vremenu u odnosu na ovaj naš period- period interneta, savremene tehnologije i brzog protoka informacija, tako da je meni sa jedne strane bilo jasno zašto je Draganu bilo teško da zamisli kako će neko poput mene sesti za računar i naći posao na drugom kontinentu, koji čak nije ni susedni, nego prekookeanski. U "njegovo vreme" kada je on žario i palio (po njegovim rečima), nije se desilo ništa tako veliko za čovečanstvo kao što je recimo pojava WiFi konekcije, pametnih telefona, društvenih mreža itd. Isto je bilo i za vreme njegovih roditelja, tako da su oni u velikoj meri imali sličan život, i razumeli su se bolje, ako ništa, onda bar u nekim osnovnim stvarima, kao što je recimo tražnje posla, i odnos prema istom kad si zaposlen. Recimo, moj otac je radio dvadeset i pet godina u istoj firmi, nerazmišljajući o bilo kakvim promenama, mirno je i sigurno vozio taj svoj brodić koji se zvao siguran državni posao, po moru koje je uglavnom bilo mirno sa tek povremenim većim talasima koje bi on stojički istrpeo, jer tako se mora, sve dok se ne doveze do sigurne luke zvane penzija. A onda je, zbog dolaska nekog novog doba, njegova firma otišla u stečaj, usled privatizacije koja meni ni danas nije najjasnija, i bila prinuđena da otpusti sve radnike, uključujući i mog oca. Zatečen novonastalom situacijom, on je pet godina tumarao po poslovnom tržištu, menjajući poslove jedan za drugim, uklapajući se u nove sredine, dok se konačno nije zaposlio kao čuvar u jednoj kompaniji, u kojoj i danas radi. Sve bi ovo bilo u redu da moj otac nema diplomu mašinskog inženjera i dvadeset i pet godina radnog staža u struci. Priznaćete, nije lako odreći se i najbenignije navike posle dvadeset i pet godina, a kamoli profesije koja iziskuje pet godina školovanja, i gotovo se sigurno bolje kotira od noćnog čuvara. Moj Dragče je to ipak morao, jer se u ovom novom dobu njegov posao cenio samo ako ste elektronski obučcni, dok su se manuelne veštine skiciranja, crtanja i planiranja, a koje je on držao u malom prstu, skrajnule u drugi, pa možda čak i treći plan.

Podstaknut svojom sudbinom, Dragan svako moje menjanje posla doživljava traumatično, kao da ponovo kroz mene proživljava nepravdu koja mu se desila, pribojavajući se da jednog dana ni ja neću naći svoj posao, i da ću biti prinuđen da radim šta bilo, a svoju karijeru košarkaškog trenera neslavno završiti. To objašnjava naše rasprave, koje, ruku na srce, nisu samo u vezi mog menjanja posla, već zauzimaju mesto i u drugim životim sferama kao što su plaćanje poreza pre isteka roka, menjanje ulja na kolima mesec dana ranije, ili neka nova aktuelnost oko koje vredi prodiskutovati. Te druge rasprave ja prepisujem genetskom kodu koji je jednostavno jači od njega i tera ga da mi pridikuje od najnebitnijih stvari, kao recimo gde parkiram auto, pa sve do bitnih kao što je moja budućnost i moj posao....

Nego, da se vratimo na priču odlaska u Ameriku. Razgovor se završio kao i onaj u srednjoj školi, Dragančetovom tužbalicom, koja je uvek morala da bude zadnja, jer ipak je on otac:

"Kako hoćeš, radiš na svoju štetu, ja sam ti lepo rekao, nemoj posle da bude nisam znao i slično."

Rečeno-učinjeno! Još isti dan sam seo za kompjuter i počeo da apliciram na sve poslove koji su imali veze sa košarkom, a bili locirani u Americi. Niko ne može da te inspiriše kao rođeni otac, pogotovu kad ste isti kao jaje jajetu, od fizičkih do psihičkih karakteristika. Njegova tvrdoglavost da se ne može naći posao u Americi i moja da isti nađem, rezultirali su time da sam posle tačno šesnaest dana dobio posao košarkaškog trenera na letnjem sportskom kampu Lejknoki. Čak sam uspeo da dogovoriom posao za Gabrijelu u administraciji kampa, zahvaljujjući njenom fenomenalnom poznavanju engleskog jezka i mojim pregovaračkim sposobnostima... ili pukom srećom. Bila je to odlična prilika za nas da napunimo baterije od januara do juna, a onda odemo i zaradimo za tri meseca novac koji ljudi ne zarade posle godinu dana rada u našoj divnoj domovini.

Period od januara do juna proveli smo uživajući u svemu čega smo se odrekli proteklih godina.

Gabrijela je većinu vremena bila u kući svojih roditelja čuvajući klince svog brata i ispijajući kafe sa cele dve drugarice koje su verno čekale njen povratak, sa spremnim pričama i tračevima koje je propustila. Bile su to tipične beogradske priče o izlascima, momcima, tračevevima iz salona i komšiluka koje su one njoj u poverenju pričale, a ona uredno prenosila meni sutradan uz jutarnju kafu. Mene su te njihove priče užasno zabavljale, a Gabrijelu su gotovo uvek zabavljali moji komentari na "ženske nerešive probleme" sa momcima, frizurom, predugim noktima... "On je voli ali mu žena ne da da se viđaju češće", "nije otišla na krštenje jer joj je frizerka skratila kosu za prst više pa izgleda užasno", ili "su joj nokti bili predugački pa ga je slučajno odsekla nožem dok je spremala večeru", samo su neke od priča koje su uveseljavale moja jutra od januara do juna.

Moje vreme je uglavnom teklo u obavljanju raznoraznih aktivnosti kao što su igranje basketa, praćenja uglavnom gubitničkih kladioničarskih tiketa, obilaženje zemunskih kafana i mnoge druge koje nisu vredne pomena kao ove tri.

Sa svojim basketaškim drugovima sastajao sam se svakog utorka i četvrtka, a ponekad bismo ubacili još jedan dan u nedelji. Moji basketaški drugovi su uglavnom drugari iz ranih igračkih dana sa kojima sam trenirao kao klinac, ili protiv kojih sam toliko često igrao da se drugarstvo jednostavno samo razvilo. Posle basketa bi uglavnom otišli do najbližeg kafića na piće, u svetu sporta definisano kao treće poluvreme. Tu bi smo raspravljali i zbivali šale na kontu dešavanja od pređašnih sat i po vremena, a neretko bi se neko setio i prošlog termina, pa i onog od pre mesec dana ako je bilo potrebno da odbrani svoju ekipu od poraza, a uvek i ponajviše sebe. Tipična muška priča. Ne bi to treće poluvreme dugo trajalo jer su svi osim mene bili zaposleni i sutra rano ujutru ih je čekao posao, tako da je valjalo otići kući i na vreme. Ja tih problema nisam imao, pa bih produžavao do jedne od mnogobrojnih kladionica u kraju kako bih upotpunio to svoje slobono vreme. Tako sam se i kladio, bilo mi je najbitnije vreme fudbalskih ili košarkaških utakmica, pa bih sutra dan u vreme kada su svi preokupirani poslom ili drugim svakodnevnim obavezama, ja mogao da ispratim sve mečeve koje sam odigrao. Valjda zato nisam ni dobijao često, jer mi je bilo bitnije kada se utakmica igra nego ko protiv koga igra. Bila je to više razonoda nego pokušaj za uvećanjem kapitala. Čak sam se više kladio radnim danima kada ima mnogo manje utakmica u ponudi nego vikendom. Vikend je bio rezervisan za saniranje mamurluka koji je bio posledica obilaska kafana petkom uveče sa kafanskim drugovima, i odlazak na nedeljni ručak kod Gabrijelenih ili mojih.

Kafane su mi vraćale godine unazad, činile su me opet tinejdžerom koji sa svojom skromnom ali dobro odabranom grupicom ide zemunskim ulicama ne znajući ni gde ni kad će se noć završiti. Nekad nam se noć završavala u šest sati izjutra, promenili bismo i po pet ugostiteljskih objekata, krenuli bismo sa jednim planom, a završavali bismo na totalno drugom kraju grada, i to je bilo fenomenalno. A dešavalo se i to da se skupimo u jednom od lokalnih kafića sa idejom da popijemo po jednu pa da idemo dalje u "štetu", ali bi nas priča i dobra atmosfera između nas samih ostavljala na tom istom mestu narednih četiri-pet sati, što to je bilo podjednako dobro kao ovaj prvi scenario, cilj je bio ostvaren u oba slučaja, duša je nahranjena i godine vraćene unazad.

Druge "aktivnosti" kao što su duge šetnje mojim rodnim gradom, upijanje slika zemunskih i beogradskih ulica, mog Dunava koji vešto obilazi Lido i nastavlja svojim tokom, konstantna potraga za knjigama u svrhu bogaćenja svog asortimana za čitanje kad odem preko, kao što rekoh malo pre nije toliko vredno pomena, ili u najmanju ruku nije bitno za ovu priču.

Ono što je vredno pomena za priču koju pričam, jeste da se nakon svega par dana od našeg poslovnog dogovora sa američkim kampom Lejknoki javila Gabrijelina tetka koja je pre više od pet godina odlučila da se razvede od muža sa kojim je bila u braku četvrtinu veka, a pololovinu svog života, i preuda se u Americi za papire kako bi ostvarila američki san. Do tog momenta Gabrijela je nikad nije pominjala, mada ruku na srce, koliko tetaka ima može biti i da je ja nisam memorisao na njenom porodičnom stablu. Bilo kako bilo, tetka je putem familijarnih kanala saznala za naš dolazak i sva oduševljena insistirala da nam učini plezir tako što će nas ugostiti u njenoj šestosobnoj kući u San Dijegu. To se u naše planove odlaska u Nju Hempšir, zarađivanja novca i vraćanja istog kući u Srbiju, nije baš mnogo uklapalao. U stvari, nije se uklapalo uopšte, pošto je San Dijego bio najudaljenija tačka u Americi od mesta gde ćemo raditi.

Ali kako odbiti čuveno srpsko gostoprimstvo, pogotovu ako se uzme u obzir tetkino insistiranje i tugaljiva priča kako je pet godina nije posetio niko njen, da je željna da vidi Gabrijelu posle toliko godina i upozna zeta koga ni na svadbi nije upoznala. U prvi mah sam pomislio "koja crna svadba, pa i da je bila u Srbiji u vreme svadbe opet me ne bi upoznala, ako uzmemo u obzir da je na Gabrijelinoj i mojoj svadbi bilo četrdeset i dvoje ljudi sa sve muzičarima, nisam siguran da bi bila ni u top sto gostiju, koja patetična priča", ali kao što rekoh, pomislio sam, nisam rekao.

Na njeno dalje insistiranje, proradilo je ono ljudsko, moram da priznam prvo u Gabrijeli, a onda posle par dana i u meni. Žena je otišla posle pedeset godina i ostavila jedan život iza sebe da bi počela totalno drugi, verovatno bolji, ali bar u početku nimalo lak, i sigurno da bi joj žnačilo da provede određeni period sa nekim njenim.

Odlučili smo da posle kampa ipak posetimo tetku, provedemo mesec dana u San Dijegu, a potom se odande vratimo letom San Dijego-Njujork-Beograd.

# Kamp Lejknoki

Po dolasku u Ameriku, naša prva stanica bio je Njujork. Tu smo se zadržali nekoliko dana boraveći u stanu mog košarkaškog saborca iz detinjstva, koji se posle studija u Sjedinjenim Američkim Državama odlučio da ostane i Zemun zameni Menhetnom. Videti starog prijatelja posle mnogo godina bilo je fantastično. Bio je to jedan od onih prijatelja koga ne viđate često, ali onog trenutka kada ste zajedno, imate osećaj kao da ste juče pili kafu. Ta vremenska distanca se prosto istopi kada su pravi prijatelji u pitanju, a ovo je definitivno bio jedan od njih.

Na žalost nas obojice, druženje je trajalo svega nekoliko dana, pošto smo Gabrijela i ja morali da nastavimo našu misiju koja se zvala "Rad na kampu Lejknoki". Seli smo u autobus koji je vozio za Boston, gde nas je sačekao kombi koji je skupljao buduće radnike kampa po gradu, a potom ih odvozio do svog budućeg, višemesečnog posla. Rad na sportskom kampu Lejknoki ispostavio se kao pun pogodak za Gabrijelu i mene. Vreme provedeno tamo moglo se više nazvati radnim odmorom nego suvim poslom.

Nalazili smo se duboko u šumi na obali jezera Vinipesoki, koje je sa pojedinih mesta više odavalo utisak da se radi o moru nego jezeru. Uz samu obalu, dvadesetak metara od vode uzduž plaže, ležalo je na desetine baraka u kojima su boravili kamperi uzrasta od pet do dvanaest godina, raspoređeni u drvene kućice po uzrastu. U svakoj od tih baraka, sa njima je boravilo po dva, a u nekoj i tri zaposlenika kampa, uglavnom još studenata, koji su to leto iskoristili da steknu radno iskustvo iz oblasti koje su studirali i usput zarade nešto novca. Bilo je zaljubljenika raznih sportova, od budućih trenera košarke, fudbala, američkog fudbala, bejzbola, golfa, la krosa, pa sve do instruktora ekstremnih veština kao što su planinarenje, streljaštvo i mačevanje. Oni su imali obavezu da se brinu o svojim mlađim ukućanima, i da se postaraju da svi u baraci redovno obavljaju svoje dnevne dužnosti. Održavanje higijene na visokom nivou, odlazak u krevet na vreme, redovno i na vreme odlaženje na sportske i društvene aktivnosti, bile su samo neke od dužnosti malih kampera. Kada bi deca bila raspoređena svaka na svoju aktivnost, studenti bi se prebacivali u funkciju trenera i instruktora pridružujući se treninzima, gde bi ih čekao glavni i odgovorni za svaki sport sa planom treninga za taj dan.

Odmah iza baraka u kojima su živeli klinci sa studentima, nalazlia se velika kantina u kojoj su se pored redovnih obroka ponekad održavala raznorazna druženja i igranje društvenih igrica, uglavnom kad su kišni dani.

Takođe iza baraka, stajala je velika drvena kuća veličine, recimo, dovoljne za šestočlanu porodicu. Spoljašnjost ove kuće odavala je utisak velikog porodičnog doma, međutim, impresivanost ove građevine nije bila u njenoj spoljašnjosti, već u njenoj unutrašnjosti. Pošto sam po ulasku uvideo da kuća ima samo jednu ogromnu prostoriju, tek sam tada bio svestan njene impozantne veličine. Bila je to ogromna igraonica sa stolovima za stoni tenis, velikim teatrom, bilijarom i fliperom.

Između kantine i igraonice nalazilo se okupljalište, ili tačnije tri velika kruga sačinjena do drvenih klupa u tri reda. To je bilo mesto svih sastanaka i društvenih zbivanja nevezanih za sport.

Takođe, odmah iza baraka u kojima su bila deca, u ravni sa kantinom, igraonicom i okupljlalištem, bilo je još haotično raspoređenih baraka, a neke od njih su zalazile duboko u gustinu šume.

Baš u jednoj od takvih barka smo bili smešteni Gabrijela i ja, kao što su u ostalim barakama po šumi obitavali stariji zaposlenici kampa, koji nisu imali obavezu stalne brige o deci kao studenti. To su bili ljudi koji su imali druga zaduženja, kao recimo oko same organizacije kampa i njihovim aktivnostima, kuvari, administracija i kontakt sa roditeljima, organizatori sportskih aktivnosti itd.

Ja sam bio glavni i odgovorni za sve što se dešavalo na tri košarkaška terena koja su se prostirala odmah iza svega već nabrojanog zajedno sa drugim sportskim igralištima.

Gabrijela je radila u sektoru za kontakt sa roditeljima i nešto administrativnih poslova koje ja ni do danas ne znam da objasnim. Interesantno je to da Gabrijela nije radila u pređašnje opisanom okruženju, već bi se svako jutro ukrcala na gliser koji bi je vozio na njeno radno mesto- kancelariju na ostrvu. Tamo su boravila starija deca uzrasta između dvanaest i šesnaest godina, sa svim istim benefitima koje su uživala i deca na obali. Od igraonica, spavaonica, sportskih terena, pa sve do kancelarije, kantine, mini doma zdravlja... sve se to nalazilo na ostrvu Lejknoki, samo pet minuta vožnje gliserom od obale.

Kao što rekoh, posao nije bio težak. Iako je kroz košarkaške treninge moje trenerske grupe prolazilo oko sedamdesetoro dece dnevno, bilo je divno i zabavno provoditi vreme u tom okruženju, igrati se sa njima i dočarati im šta košarka zapravo jeste. Ideja kampa je bila da se klincima omogući da probaju svaki sport kako bi se eventualno posle kampa odlučili za onaj koji im se sviđa i koji im odgovara. Tako da smo radili bez stresa, neopterećeni idejom da pravimo nove Džordane. Deca bi posle igranja košarke otišla na fudbal, nama bi došla deca sa la krosa, a oni sa la krosa bi preuzeli decu koja su prethodno bila na streljaštvu, i tako u krug. Posle par odrađenih treniga usledila bi višesatna pauza koju sam redovno koristio vozeći kajak po jezeru, užvajući u prirodi i obilasku Gabrijele na ostrvu.

Nakon tri teške nedelje pregovora i ubeđivanja da joj se ništa neće desiti, da nema razloga da se plaši, i da ovo nije Indijski Okean nego najobičnije, mirno jezero, Gabrijela je počela da vesla sa mnom. Baš tokom veslanja, na sred jezera bismo pretresli sva dešavalja na kampu, kako sa obale tako i sa ostrva. Priče koje smo delili bile su podjednako interesantne kao priče njenih drugarica kod kuće, tako da smo imali dosta razloga za smeh i šaljive, neumesne upadice koje su samo nas mogle tako da zabave. Ponekad, dok se smejem sa Gabrijelom, pomislim da smeh može da izazove ozbiljne srčane smetnje. Ne znam sa sigurnošću kako je kod drugih parova, ali ubedljivo najviše srčanih posledica izazvanih smehom na nas ostavljaju priče u kojima smo mi sami glavni akteri.

Takva jedna priča sa kampa je bila posebno riskantna, jer smo od tolikog smejanja rizikovali da se oboje prevrnemo sa kajaka i upadnemo u sred jezera. Ne bi to bio preterano veliki rizik, pokvasiti se, jaka stvar; da se sve to nije dešavalo u vreme radnog vrmena, tačnije u toku jednočasovne pauze. Možete li da zamislite košarkaškog trenera mokrog do kože kako drži trening?! Ili možda još gore, ulazite u kancelariju a za pultom sedi radnca i cedi svoju kosu na tastaturi kompjutera.

Naime, jedne noći, Gabrijela i ja smo se spremali za spavanje, svako na svojoj strani kreveta i u svojoj posvećenosti poslednjih rituala pred konačno gašenje svetla. Dok sam ja po poslednji put te noći prelistavao vesti na internetu, Gabrijela je mackala neke pomadice po sebi kao da se sprema da izađe u provod, a ne da uđe u krevet. Nisam se previše obazrao na njeno opsesivno premazivanje same sebe, bio sam spreman da brzinski zaspim, čak sam i vesti čitao reda radi čekajući da se premazivanje konačno završi a svetlo ugasi, kad odjednom, potpuno neočekivano i iz sve glasa, začuo se nepodnošljivo jak i zaprepašćujući vrisak. Odjek ženskog vriska kao da je napadnuta od strane medveda ili neke veće nemani me je u trenutku toliko trgao da sam skočio, ne kao oparen vrelom vodom, nego opečen lavinom! Vrisak je bio nepodnošljivo jak iz jednog vrlo logičnog razloga, jer se dešavao na pola metra od mog uha. Bio je to Gabrijelin vrisak. Posle tog prvog šokantnog trenutka, kada sam shvatio šta se dešava, počeo sam da psujem kako bih valjda izbacio stres iz sebe, dok je Gabrijela pored mene kukala, ali ruku na srce, prestala je da vrišti, ili bar ni jedan sledeći vrisak nije bio glasan kao taj prvi. Cela drama koja se dešavala, odigrala se zbog jedne vrlo opasne i ogromne nemani- zove se noćni leptir. Da, moja žena se plaši noćnog leptira. I ne samo njega, plaši se još i smrdibube, bogomoljke, gusenice, i svakog drugog insekta koji nije muva ili komarac. To što nju obuzme kada vidi insekta se graniči sa nekim blažim trenutnim ludilom... ili se ne graniči, možda to i jeste. Jednom se tri puna sata suzdržavala da ode u toalet zato što je videla smrdibubu u kadi, dok nisam došao ja, njen spasilac i u slobodno vreme ubica raznih insekata, u svrhu mira i spokojstva našeg braka. Elem, te noći, tako uplašena Gabrijela je utrčala u kupatilo i dalje plakajući, dovikivala iz kupatila "Jao Ljubavi, ubij ga ubij ga!". Ja sam već polubesno psovao, jednim delom zato što mi je izbila srce iz grudi i bubnu opnu u levom uhu, drugim delom jer moje "psiho terapije" sa njom nisu uspele ni za jedan jedini promil, da je to samo mali stvor koji joj ništa ne može, da je njen razlog za strah nelogičan i nepotreban, kao i da treba da se sabere i prestane da se blamira. Na sreću po leptira, nisam izvršio egzekuciju, već sam istog uspeo da zarobim i izbacim iz barake. Od tog trenutka stvari su počele da se smiruju, Gabrijela je već po rutini još neko vreme dramila ali mnogo manjim, gotovo neprimetnim intezitetom, i sve je konačno bilo spremno za spavanje. Sutradan sam tokom vožnje kajaka sa svojom voljenom saznao da se tu noć desio blud i razvrat u jednoj od baraka u kojima su se nalazili stariji zaposleni na kampu. A o svemu tome se saznalo tako što je sportski direktor kampa Lejknoki , koji je usput bio veliki ljubitelj i uživalac marihuane, zbog čega je na kraju bio i izbačen sa kampa, verovatno uveliko naduvan te večeri prolazio pored naše barake i čuo galamu koju je pratila već gore pomenuta akcija "uhvati leptira". On je tu priču preneo ostalima, onako kako ju je sam doživeo, i za jedno prepodne među grupom zaposlenika kružila je sledeća priča: Gabrijela i ja smo imali preglasan seks, ona je nesnosno vrištala i uzdisala, a ja sam je motivisao tako što sam joj konstantno govorio rečenice koje on nije mogao da razume, pošto sam motivacioni govor tokom seksa držao na tom našem stranom jeziku! Gabrijela je već čula priču od koleginice iz kancelarije, tako da se već dovoljno ismejala povodom ovog bizarnog događaja, ali meni je bio prvi put da čujem šta sam zapravo radio prethodne noći u ušima drugih. To je u meni izazvalo takav napad smeha da sam se nekontrolisano tresao sa sve kajakom i veslom kojim sam pokušavao da održim balans na vodi. Moj napad smeha izazvao je Gabrijelin napad smeha, koji je trajao po mojoj ličnoj proceni više od petnaest minuta. Ono što je prosečnom Srbinu psovanje i proklinjanje, prosečnom, ali naduvanom Amerikancu je strastven seks, a vrištanje izazvano strahom bube kod prosečnih sprkinja, kod prosečnih ali izdrogiranih Amerikanaca se definiše kao stenjanje usled snošaja.

Nismo se puno trudili da uverimo druge šta se zapravo desilo te noći, jer na kraju krajeva, svako veruje u ono što želi, a i svakako je ova neistinita verzija bila mnogo interesantnija ljudima, tako da smo pustili da svako poveruje u onu priču koja mu više odgovara, ionako su obe bile bezazlene. Bilo je još drugih priča koje se nisu dešavale nama, ali su dolazile do nas i širile se dalje baš kao što se i ova naša rasula među zaposlenima kampa, i baš kao sa ovom našom, niko sa sigurnošću nije mogao da tvrdi šta je istina. Na primer, jedan student, instruktor plivanja, pao je u nesvest jedne noći na obodu kampa, a na početku šume, može se reći da je čak zašao duboko među drveće. Bilo je to vreme kad su sva deca već uveliko bila u krevetu, skoro ponoć. Našao ga je jedan kolumbijac koji je radio u timu čistača i perača kampa, te je odmah otrčao do dežurne medicinske službe po pomoć. Na sreću, efikasno je reagovano i student je ubrzo došao sebi, probudivši se bez ikakvih zdravstvenih posledica. Međutim, kada su ga pitali šta je radio u šumi na tom mračnom mestu, čega se poslednje seća i kako je pao u nesvest, on je ispričao kako se sakrio od dece ne bi li popušio cigaretu, kako su pravila kampa i nalagala, ali da je pao u nesvest videvši medveda iznad sebe kako se spusta niz drvo pored kog je stajao. Medved je, prema njegovim tvrdnjama, bio pola metara iznad njegove glave i imao je utisak da mu je na dohvat šape. Dalje se, kaže, nije sećao. Ono što je unelo interesaniju notu u ovaj već interesantan događaj, jeste spekulisanje odkud baš kolumbijac u tom zabačenom delu kampa, to jest šume. Za kolumbica se nije pričalo da je gej, već je on sam i svima to govorio na samom upoznavanju, tako da je već bio prihvaćen kao takav među svima nama. Kao što može da se pretpostavi iz priloženog, počele su da kruže priče o novom ljubavnom paru na kampu, čak su se neki dokoni zaposlenici noću šetali ne bi li uhvatili par na delu, dok je instruktor plivanja negirao sve navode i kleo se u svoju muževnost i medveda na drvetu. Naravno da se do kraja kampa nije sazalo koja od dve priče je istinita, i svi su opet poverovali u onu priču koja im više je odgovarala, ili bar koja ih je više zabavljala. Čak je bila grupa ljudi koja je verovala u mešovitu verziju, u kojoj se kolumbijac i instruktor plivanja nalaze u mraku šume ne bi li razmenili nežnosti, ali ih u tome prekida medved sa drveta. Bilo kako bilo, ni jedna ni druga, pa ni treća priča nisu nikom naškodile, osim što je instruktor plivanja nakon tog događaja bezuspešno pokušavao da dokaže svoju muškost nabacivajući se svakoj devojci na kampu.

Proveli smo radeći tri meseca, i bez obzira što je svaki dan bio manje više isti, opet se svaki sledeći razlikovao od prethodnog na sebi svojsven način. Iako se znalo da je ustajanje u sedam i trideset, doručak u osam, prvi set treninga od devet do dvanaest, ručak u jedan po podne, a drugi set treninga od četiri do sedam, i tako devedeset dana bez izuzetka; ipak je svaki dan nosio nešto posebno sa sobom i razbijao rutinu pretvarajući je u još jedan prelep dan. Nisu to bili nikakvi veliki momenti koji bi obrnuli sve naopačke, već baš naprotiv, mnoštvo malih momenata koji su ponekad bili gotovo neprimetni, a opet upotpunili dan i dali mu dimenziju, boju i osećaj zadovoljstva. Kad to kažem, mislim o sitnim upadicama dece tokom treninga koje su mi mamile osmeh na lice, raznim iskustvima ljudi koji su dolazili iz Južne Afrike, Konga, Meksika, Australije i mnogih drugih zemalja, koji su me fascinirali različitim kulturama i stilovima života, o prelepim predelima koji su nas okruživali, a koje sam ja svaki dan otkrivao po malo vozeći kajak. Bilo je to jedno fenomenalno iskustvo i definitivno odlična odluka da provedemo leto na ovaj način.

Gabrijela je bila bolje, napadi panike su već u Beogradu počinjali da budu sve ređi, što se nastavilo tokom kampa, da bi posle par nedelja u Americi totalno prestali. Bila je u stalnom kontaktu sa tetkom, koja je u svakom razgovoru ili dopisivanju naglašavala svoje neiščekivanje našeg dolaska, nabrajajući gde će nas sve voditi po San Dijegu, kako će nas lepo ugostiti, obavezno pominjući njenu šestosobnu kuću skoro u centru grada. Vremenom sam i ja počeo da se radujem odlasku u Kaliforniju, valjda sam prelomio u glavi, kad smo već odličili da idemo onda nek nam bude lepo i tih mesec dana kao što su bila ova tri. Čak sam i o tetki, o kojoj ranije nisam puno mislio, počeo da razmišljam, i stekao neki svoj, recimo, pozitivan utisak. Do tog, valjda pozitivonog utiska, došao sam razmišljanjem o tome kako je jedna žena u pedesetim godinama, radeći u Beogradu kao medicinska sestra, bez trunke znanja engleskog jezika, uspela da za samo pet godina položi sve potrebne medicinske ispite, pretpostavljam prethodno savladavši strani jezik kako bi se zaposlila, kupi kuću u Kaliforniji i novi mercedes S klase, kojim se stalno hvalila slanjem mnogobrojnih fotografija. Priznaćete, postići sve to u tako kratkom vremenskom periodu je za svaku pohvalu.

# Poslednji dan kampa

Došao je poslednji dan kampa, i naš radni odmor je skoro bio gotov. Ostalo je još ispratiti decu, predati ih roditeljima, i motivisati ih u poslednjem obraćanju da nam se vrate sledeće godine. Zatim smo, po odlasku dece, trebali da se pobrinemo oko vraćanja mnogobrojnih sportskih rekvizita na sigurno mesto. Ogromnu ostava, toliko velika da je ličila na magacin nekakve sportske radnje sa svim potrebnim i nepotrebnim spravama za raznorazne sportove, bila je poslednja radna stanica za nas trenere. I ostali zaposleni, koji nisu imali direktan kontakt sa decom, su od ranog jutra obavljali završne radove pred zatvaranje kampa; poslednje veliko čišćenje, finalna papirologija u administraciji, poslednje isplate itd. Gabrijelin i moj dogovor je bio da se, kada pozavršavamo sve poslovne obaveze, što je trebalo da bude oko četiri sata popodne, nađemo u jednom od mnogobrojnih štekova na obodu kampa gde su se pušači krili od dece. Na tom mestu, internet je bio dovoljno dobar, tako da bismo spojili lepo i korisno; kao korisno bi moglo da se definiše traženje avionskih karti za San Diego, a lepo bi (za Gabrijelu) bilo unošenje nikotina u organizam putem cigareta. Tokom kampa, nismo preterano puno vremena provodili planirajući taj put do Kalifornije, jer nam se činilo da će biti vrlo lako isplanirati sam odlazak od kampa do Bostona ili Njujorka, sesti u avion i sleteti u San Dijego. Većina zaposlenih na kampu je išla u tom pravcu, neki na aerodrom, a neki su živeli u ova dva pomenuta grada (Njujork -Boston) ili okolini, tako da je delovalo prilično jednostavno uvaliti se nekom u auto i obezbediti prevoz do aerodroma. Prema tome, ostalo nam je još samo da kupimo avionske karte za taj ili sledeći dan.

Čim sam završio sa decom i sportskim rekvizitima uputio sam se ka šteku. Dok sam hodao, mogao sam da vidim Gabrijelu koja je već uveliko stajala na dogovorenom mestu sa zapaljenom cigaretom. Prilazeći joj, uočio sam da su joj razmaci između dva uvlačenja dima prilično kratki. Izgledalo je kao da će tek zapaljenu cigaru popušiti pre nego ja stignem do nje. Tako je i bilo; u par kratkih trzaja je završila svoju cigaru, a zatim je iz kutije odmah izvadila drugu. "To nije dobro!", pomislio sam hodajući ka njoj. Iz aviona se moglo videti da je besna kao divlja zver! Naravno kao i svako muško, prvo što sam pomislio je "Magarče, šta si sad uradio?!", obraćajući se sebi, naravno. Uslovni refleks me je naterao da pogledam u sat, kako bih otklonio prvu nedoumicu. "U redu, ne kasnis. Nije ljuta zbog toga.". Dok se distanca između nje i mene postepeno smanjivala, počeo sam da čaprkam po mozgu šta sam opet zabrljao da bih je ovoliko razbesneo, da li sam ponovo ostavio prljave čarape pored kreveta dok sam žurio na trening, ili sam jutros ostavio podignutu dasku u toaletu, ili sam možda zaboravio da uključim bojler pa sad nema tople vode da se istušira posle posla... ali, da li su to stvari koje mogu jednu ženu ovoliko da izbace iz takta? Neznajući odgovor na ovo pitanje, odlučio sam se za proverenu i najbezbedniju varijantu... "Gde je moje sunce najlepše?!", počeo sam sa omekšavanjem situacije koju sam, sasvim sigurno, mada nisam nikako mogao da se setim kako, ja prouzrokovao. "Pa ko je to meni ljut i zašto?", nastavio sam, polu-sarkastično, a opet polu-oprezno, onako kako samo mi zadovoljni papučari umemo. Očekivao sam rafalnu paljbu koja će mi konačno dati do znanja šta sam to, gde i kada skrivio. Ali sledi totalno neočekivan obrt priče. Rafal je usledio, ali nije bio upućen ka meni. Da ne bih citirao Gabrijeline obogaćene psovke koje su joj izlaze iz usta uz dim cigarete, a praćene krokodilskim suzama, reći ću samo da je ovo bio jedan od retkih momenata da prisustvujem ovakvom izdanju svoje žene. Ljuta kao ris, a u isto vreme razorena i poražena, ona je častila najgnusnijim rečima osobu koja nam je priredila nezaboravnih mesec dana koji su nam prethodili. Da se pogoditi, radilo se o tetki. Naime, pored pregršt psovki i jecaja, uspeo sam da razumem da je tetka, to jutro (naše poslednje na kampu), i samo dan pre nego što ćemo sesti u avion i doleteti da konačno iskusimo njeno čuveno srpsko gostoprimstvo, otkazala isto, uz izgovor da je baš pre tri dana iznajmila sobu namenjenu nama kako bi pokrila ratu za kredit. Ono što je posebno razljutilo Gabrijelu, jeste to što se njena divna rođaka nije udostojila ni da je pozove telefonom i bar se izvini za ovaj neprijatan i definitivno neplaniran sled "okolnosti", već joj je sve što je imala saopštila u poruci, koja takođe nije imala reč "izvini" u svom sadržaju.

Posle desetak minuta, Gabrijela se pribrala, i mogli smo, ili morali, da napravimo novi, mnogo složeniji i dijametralno suprotan plan od prvobitnog. Avionske karte za povratak kući, koje smo još u Beogradu kupili, bile su nerefundabilne i bez mogućnosti promene datuma. To je značilo da bismo za tačno mesec dana morali da budemo na aerodromu u San Dijegu, i nametalo se pitanje kako provesti sledećih trideset dana. Ako bismo se držali prethodnog plana i avionom se odvezli u San Dijego, potom parama koje smo zaradili na kampu platili hotel sa trideset noćenja i tri obroka, vratili bismo se kući siromašniji nego što smo došli; tako da je opcija momentalnog odlaska u Kaliforniju brzo i definitivno odbačena. Novi plan je zahtevao drastične promene u logistici, morao je da bude funkcionalan, finansijski isplativ, i što je bilo nateže, morao je da bude gotov za jedno poslepodne. Pošto je bilo neizodljivo isplanirati svih trideset dana u tako kratkom vremenskom periodu, odlučili smo da živimo dan za dan, da ne mislimo puno unapred, i postepeno se krećemo ka Kaliforniji, ubijajući vreme po Americi do konačnog polaska za Beograd.

U međuvremenu smo dogovorili prevoz sa jednim zaposlenikom sa kampa koji se spremao da sutra ujutru krene kući za Ohajo, što je otprilike trinaest sati vožnje ka zapadu. Džejk, dvadesetogodišnji student koji se ovo leto oprobao kao trener fudbala, nam je takođe ponudio smeštaj na jednu noć po dolasku u Ohajo, tako da smo imali ideju kako će nam izgledati narednih 48 sati, ali samo toliko, jer je već sledećeg dana on morao da putuje u Filadelfiju na studije. Stavili smo dve putne torbe koje smo imali u njegov auto, dogovorili polazak za sutra ujutru, i otišli da po poslednji put prespavamo u baraki na obali Vinipesoki jezera nasluteći kakvih trideset dana su nam predstojala.

# Toledo Ohajo

Jutro je svanulo, i nakon što smo popili prvu jutarnju kafu uživajući u pogledu na jezero, naše putovanje je i zvanično počelo.

Mesto iz kog je Džejk dolazio zvalo se Toledo, i nalazilo se na oko 750 milja od naše početne destinacije, što bi po našem evropskom računanju iznosilo preko 1300 kilometara udaljenosti. Bilo nam je jasno da će to biti dug dan proveden u kolima, ali nama je to donekle i odgovaralo jer smo imali dovoljno vremena da dobro razmislimo o našim sledećim koracima, a opet kretali smo se u pravcu u kojem smo želeli i nismo morali da brinemo gde ćemo prespavati sledeću noć.

Dok je Gabrijela većinu puta vodila konverzaciju sa Džejkom praveći mu društvo, koja je i njemu očigledno prijala, ja sam se povremeno ubacivao razgovor, ali samo onda kada nisam bio preokupiran razmišljanjem kuda posle Toleda. U svojim mislima sam vrteo imenik svih prijatelja iz Amerike koje sam upoznao dok sam studirao i igrao košarku pet godina unazad, na koledžu u Montani. Uporno sam pokušavao da se setim svih njih sa kojima sam i dalje bio u kontaktu, u dobrim ili solidnim odnosima. "Trebalo bi naći nekog ko živi između Toleda i Majls Sitija, ko bi nas primio barem na jednu noć, onda bismo mogli da iznajmimo automobil i polako se krećemo ka San Dijegu, ubijajući vreme po kontinentu, istražujući "bogatstva" Amerike i obilazeći moje prijatelje, oni uglavnom žive zapadno od Montane. Posle Majls Sitija nećemo imati problema sa smeštajem. Maleni gradić Majls, u kome sam proveo dve godine života, nalazi se na nekih dvadesetak sati vožnje od Toleda. Tamo bi se sigurno našao neko od ljudi koje poznajem, ko bi nas primio na neko vreme, samo treba dokučiti koji je najlakši, to jest najisplativiji način da do tamo stignemo. Ako bi se iskombinovao bilo kakav besplatan smeštaj na putu do Majls Sitija, to bi nam leglo kao budali šamar, posle bismo bili OK. Mislim da nisam u stanju da vozim dvadeset sati bez odmora... ma i ako ne, iznajmićemo hostel, ili ćemo spavati u autu! Nije ni to smak sveta, svakao deluje kao avantura... Nisam nikad spavao u autu...” Sve mi se to motalo po glavi, kao i još bezbroj drugih nekontrolisanih, nabacanih misli, koje su preskakale i potiskivale jedna drugu, nijedna se ne bi završila do kraja, već ju je neka nova proždirala, a tu novu bi proždrala neka sledeća, i tako ceo put.

Trinaest sati vožnje, uglavnom po autoputu, nisu bili previše interesantni, veliki zvučni zidovi su zaklanjali pogled pored puta, a i onda kada ih nije bilo, pejzaž nije bio preterano reprezentativan. Žuta trava izgorela od sunca, bezgranična polja kukuruza i po koje naselje sa svega nekoliko kuća ne predstavljaju ništa spektakularno. Ruku na srce, prva dva sata puta bi zaista bila doživljaj, ako se uzme u obzir da smo se provlačili kroz gustinu šuma Nju Hempšira, sa stalnim presecanjem Vinipesoki jezera, koje je na momente delovalo kao da mu nema kraja, ali valjda smo dovoljno vremena proveli u takvom ambijentu da su nam se oči već odavno navikle na prizore koje nam je prelepi Nju Hempšir pružao. Tek posle desetak sati, prizor koji je izazvao buđenje u našim očima, bio je zvanični povratak u civilizaciju i prolazak kroz Klivlend, grad koji se prostirao tik pored Iri jezera, gledajući ka kanadskoj granici. Posle dva meseca života u šumi, okruženi drvenim brvnarama, videti velike zgrade, prostrane bulevare i mostove, priznaćete, jeste promena za oči.

Možda se baš u Klivlendu, na jednoj benzinskoj pumpi, desila najinteresantnjia priča sa ovog jednodnevnog putovanja. Na samom ulasku u grad Gabrijela i ja smo zverali svuda oko nas, upijajući ulice koje vidimo prvi, a verovatno i poslednji put, dok je Džejk po ko zna koji put ravnodušno krstario gradom. Osim ulica, pažnju nam je privukla i činjenica da su ulice Klivlenda poprilično prazne za jedno poslepodne ako ga uporedimo sa većinom evropskih gradova na koje smo navikli, pogotovu u poređenju sa Beogradom. Džejkova konstatacija da ljudi uglavnom žive na periferiji, a da u centar dolaze samo zbog posla, te da su i veliki neboderi mahom poslovne zgrade, je savršeno imala smisla; tog popodneva, ljudi su završili sa poslom i otišli svojim domovima, jedini koji su ostali u gradu su oni koji još imaju obaveza... i beskućnici... mnogo beskućnika i prosjaka. Broj ljudi koji kucaju na prozor automobila ne bili im neko ubacio sitniš u plastičnu čašu iz McDonald's-a je bio frapantan. Na svakom ćošku je stajala barem jedna osoba obučena u rite, zapustenog izgleda, čudnog pogleda i ponašanja, koja je vrebala svakog prolaznika ne bi li izmolila bilo kakvu milostinju. Bilo je i agresivnih prosjaka, moglo se zaključiti iz automobila, pri samom pogledu na njih, da su bili više spremni na otimanje nego na prošenje. Smatram da nas je sreća dosta poslužila, pošto se na pojedinim semaforima pojavljivalo zeleno svetlo te nismo bili primorani da stajemo na njihovom "radnom mestu". Moje iskustvo i odrastanje u jednom od najturbulentnijih gradova, Zemunu, razvilo mi je dar kojim sam mogao da procenim da je to agresivno i čudno ponašanje posledica ko zna kojih opijata i droga, što sam naglas i izgovorio u kolima. Džejk je samo kratko na to dodao "Krek!", potvrdno klimajući glavom. Posle par trenutka i par desetina metara vožnje, kao uboden iglom u guzicu, Džejk je vrisnuo skoro iz sve glasa:

"Jao, sranje! Pa ja vozim već sat vremena na rezervi! Moram da stanem na ovu pumpu!". Davajaći migavac nadesno, lagano se isključio iz saobraćaja i zaustavio na benziskoj pumpi, potom ugasio auto. Par sekundi je sedeo i gledao pravo kao da i dalje vozi i pazi na saobraćaj ispred njega. Ja sam ga gledao zbunjeno sa suvozačevog mesta i spremao se da ga pitam da li je dobro, ali me je preduhitrio:

"Aleks, jel bi mogao ti da izađeš i sipaš gorivo? I da odeš da platiš isto, daću ti pare za gorivo?". Pogledao sam oko sebe, isped pumpe je sedela grupica od pet lokalnih bitangi, verovatno narkomana.

"Znači Aleks da najebe jer ti nisi gledao koliko imaš goriva, a?", izgovorio sam kroz osmeh ne bi li shvatio šalu, mada sam jednim delom sebe to i mislio.

"Ajde molim te, ti si skoro dva metra visok, verovatno ti neće ništa, ja sam magnet za ovakve, pogledaj me samo!", bio je iskren Džejk.

U tom trenuku sam stvarno bacio dobar pogled na njega i pomislio " Pa u pravu je!". Sitni, pegavi, riđi fudbalerčić, stvarno njie odvao utisak momka koga bi se trebalo plašiti u bilo kojoj varijanti. Pošto je Gabrijela bila van svake opcije za izlazak iz kola, (mada bih pre pustio nju nego njega, pre bi se nje uplašili) uzeo sam novac i izašao iz kola. Čim sam zalupio vrata automobila, iza svojih leđa sam čuo "klik". U prvi mah mi nije bilo baš najjasnije šta sam čuo, ali posle dva koraka ka pumpi pomislih "Mali gad je 'ladno zaključao kola za mnom!". Sipao sam gorivo i krenuo u pravcu grupice džankija pored kojih se moralo proći da bi se ušlo u prodavnicu. Držao sam ruke u džepovima stisnute u pesnicu, a u jednoj od pesnica bio je novac. Nije mi bio prvi put da prolazim pored grupe, u najmanju ruku sumnjivih momaka. U Zemunu su mi ovakve situacije bile deo detinjstva, vraćajući se kasno uveče sa treninga ili još kasnije sa žurki. Pa opet se čovek nikada skroz ne navikne na ovakve okolnosti... ili barem ja nisam. Isturenih grudi i širom raširenih ramena, pogleda kao da sam vrlo ljut ili vrlo nezgodan baja iz kraja, prošao sam pored njih i klimnuo im glavnom kao da se znamo od ranije. Zbunjena grupica je odmahnula glavom odpozdravljajući, verovatno razmisljajući "odakle mi znamo ovog lika?!". Dok su oni ostali ispred razmišljajući, ušao sam u prodavnicu i izvadio novac da platim dizel koji sam natočio. U prodavnici me je sačekao prizor koji nikad do tad nisam video; prodavnica na benziskoj pumpi u Klivlendu je iznutra više ličila na zatvorsku kantinu nego na bilo koji trgovinski objekat. Sa vrata se ulazilo u malenu pravougaonu prostoriju koja je bila totalno prazna i koja je činila svega deset posto prodavnice. Ostatak prodavnice koji je bio dobro snabdeven svim i svačim, mogao se videti, ali mu se nije moglo prići ni nakoji način. Između slatkiša, grickalica, žvaka i svih ostalih proizvoda koje jedna prosečna prodavnica poseduje, nalazillo se neprobojno staklo, ojačano čeličnom žicom i zatvorskim rešetkama, koje sam ja do tada viđao samo u filmovima. Na staklu se nalazio šalter, gde bi mušterija morala da kaže šta želi da kupi, a na šalteru, sa one strane stakla, sedela je radnica, zaključana sa svim namirnicama i fiskalnom kasom. Kada bi primila porudžbinu, ona bi kroz rupu probacila unapred plaćenu robu, sa računom i eventualno kusurom. Videvši to, bilo mi je mnogo jasnije zašto omaleni riđokosi tinejdžer izbegava da izlazi iz svog automobila ako baš ne mora. "Pa kod nas menjačnice i banke nisu ovako zaštićene, a ne benzinska pumpa!", pomislih i vratih se u auto, ponovo mahnuvši grupici ispred prodavnice koja je i dalje zamišljeno sedela sa pogledom koji je jasno govorio:

" Ko je bre ovaj lik!?".

Sunce je skoro pa zašlo; trinaest sati vožnje bilo je konačno završeno, a mi smo, parkirani ispred Džejkove kuće u Toledu, preturali po torbama tražeći stvari koje su nam bile potrebne za jednu noć u njegovoj kući (tačnije kući njegove majke). Kao u nekom klasičnom holivudskom filmu, na pragu kuće su stajali njegov otac, majka i mlađa sestra, poređani kao za potrebe porodičnog slikanja, zbijeni u zagrljaju, sa širokim osmesima koji bi se u mojoj zemlji pre tumačili kao ludački nego srdačni. Džejk je strpljivo čekao pored kola nas dvoje koji smo zaronili u gepek, prepirajući se šta u koju torbu ide a šta u koju kesu, šta poneti a šta ne. Nakon što smo prepakovali u jedan ranac sve stvari koje ćemo koristiti te noći, zajedno smo krenuli da se upoznamo sa ostatkom porodice Jankulovski. Hodajući ka njima, imao sam neodoljivu želju da izvadim telefon i slikam taj pozeraj ispred nas. Ali naravno to nisam učinio, iz učtivosti, a i trebalo je negde prespavati, bilo je bolje ne izazivati sudbinu i ne uvrediti nikog. I dan danas žalim za tom slikom koju nikad nisam uslikao. Elem, pozdravljajući se sa Džejkom i upoznavajući se sa nama, razbili su svoju formaciju za doček i razmileli se oko nas, razgledajući dvoje novih prijatelja njihovog sina i postavljajući uobičajena srdačna pitanja koja se inače postavljaju ljudima posle putovanja. U konverzaciji su bili poprilično opušteni i ljubazni, i odavali su utisak divne, tipične američke porodice, kakava su verovatno i bili, koliko sam mogao da zaključim iz tog kratkog razgovora sa njima; naravno, ako zanemarimo osmehe dobrodošlice sa početka dočeka. Kao i svaki putnik, jedva sam čekao da nas pozovu u kuću, ne bi li se malo okrepili od puta i odmorili, ali iz meni tada nepoznatog razloga, stajali smo dvadesetak minuta ispred kuće odgovarajući na sva pitanja oko kampa, naših daljih planova, pa i ličnih informacija, odakle smo, koliko godina imamo, gde smo tako dobro naučili engleski itd. Tek kad su istresli sva pitanja koja se inače gostima postavljaju u dnevnom boravku iz piće i neko posluženje, Džejkov otac je pružio ruku ka nama govoreći:

"Drago mi je da smo se upoznali, želim vam oboma svu sreću, ja moram da krenem. Sine, vidimo se sutra, zovi me kad se odmoriš. Pozdrav svima!", odlazeći od kuće ispred koje smo stajali ka najbližoj seldećoj kući u susedstvu, u hodu izvadio ključeve i otključao vrata iste, ušavši unutra. Kroz prozor kuće moglo se videti kako se ćale raskomoćuje i leže na sofu paleći televizor, dok mu je u jednoj ruci bio daljinski a u drugoj limenka piva. Gabrijela i ja smo se pogledali, kao da smo jedno drugom postavili pitanje "Jel on to upravo otišao u komšijsku kuću, ili mi stojimo ispred pogrešne kuće sve vreme...šta se bre ovo dešava!?". Usledila je neprijatna tišina, onda je posle desetak sekundi Džejk progovorio "Da, moj otac i majka su razvedeni ali žive jedno pored drugog zbog nas dvoje, tako da nam ne nedostaje ni jedno ni drugo." Blago smo se osmehnuli, nemo izignorišavši Džejkov odgovor na naše ne postavljeno pitanje, ne znajući šta da kažemo na taj čudan, ali mora se priznati plemenit način života. "Verovatno smo zato stajali toliko dugo ispred kuće, ćale sme samo do kućnog praga.", pomislio sam dok sam konačno ulazio u kuću ispred koje smo stajali.

Kuća je bila prostrana i lepša iznutra nego spolja, sa mnogo prostorija i bazenom iza kuće. Smestili su nas u jednu od par gostinskih soba, uputili nas na kuhinju, kupatilo i sve što nam je bilo potrebno da se osećamo prijatno u njihovom domu. Složili smo se da je polazak na put sa malim riđokosim bio pun pogodak, jer ovako gostoprimstvo pružiti ljudima koje si viđao samo u prolazu tri meseca, mogu samo veliki ljudi. Valjda je taj naš utisak bio pojačan činjenicom da nas je rod rođeni ostavio na milost i nemilost da tumaramo američkim kontinentom mesec dana, bez pitanja ni gde ćete ni kako ćete. Za razliku od tetke, ovi ljudi su bili radi da pomognu kolko su mogli, pa čak i preko toga.

Ujutru nas je sačekao obilan doručak, bokal kafe, i Džejkova majka sa listom kompanija u okolini koje su se bavile iznajmljivanjem kola. Pošto smo se svi složili da iznajmljivanje auta neće biti problem (lista je bila poprilično velika), trebalo je ustanoviti koja će nam biti sledeća destinacija. Ja sam ih već prethodno veče upoznao sa svojim pređašnjim iskusvom studiranja u Montani, tako da su svi bili upoznati da ćemo se kretati ka Majls Sitiju. Pošto nikako nismo uspeli da se setimo nikoga kod koga bismo potencijalno svratili usput i odmorili, rešili smo da krenemo na rizik, sa nadom da ću ja izdržati da vozim dvadeset sati, ili ako ne uspem, što je bilo izvesnije da se dogodi, da prespavamo u hostelu, kolima ili negde treće. Prostije rečeno, odlučili smo da uzmemo auto i krenemo vođeni sudbinom.

Džejk je u međuvremenu pozvao par kompanija za iznajmljivanje automobila ne bi li saznao šta nam je sve od dokumenata potrebno za ovaj poduhvat, kao i koje od kompanija daju mogućnost uzimanja kola u Ohaju, a ostavljanja u Kaliforniji. Na njegovo iznenađenje, od mnogobrojnih kompanija, tu vrstu usluge jedino su pružale velike kompanije koje su imale svoja središta svuda po Americi. Meni je to bilo logično, ali ne i Džejku. Jedina takva kompanija u Toledu se nalazila na lokalnom aerodromu, tako da je od dugačke liste ostala samo jedna, ali nama dovoljna opcija. Dok je on proveravao i precrtavao jednu po jednu kompaniju, ja sam putem društvanih mreža stupio u kontakt sa mnogobrojnim ljudima iz Majls Sitija, ne bi li uspeo da nam obezbedim prenoćište po dolasku. Posle nešto više od trideset minuta, javila se Vanda, žena čija mi je porodica bila dodeljena kao hraniteljska po dolasku na koledž. Za vas koji niste upoznati sa pojmom hraniteljske porodice, škole obezbeđuju podršku studentima koji dolaze u nove sredine, a naručito nama strancima, kako se ne bismo osećali usamnjeni, to jest kako bismo osećali da imamo nekog ko nam je uvek na raspolaganju i kome možemo da se obratimo u svakom trenutku. Ta podrška se sastojala od porodica koje bi se prijavljivale za ovaj projekat, i koje bi dobile jednog ili više studenata o kojima su se brinuli, pozivali kući vikendom na ručak, pomagali im da opreme svoju sobu u studenskom domu, dolazili na svaku utakmicu i navijali za njih itd. Jedna takva porodica koja je moj boravak u Majlsu učinila lakšim, lepšim i nezaboravnim, bila je Vandina petočlana porodica, sa kojom sam zadržao fenomenalne odnose i po odlasku sa koledža. Vanda je bila presrećna što će me opet videti i što će konačno upoznati Gabrijelu o kojoj je toliko slušala, te je sa oduševljenjem ponudila svoj dom dok se ne snađemo i pohvatamo konce za dalje. Tako da, činilo se da su naši razlozi za brigu počinjali da budu sve manji.

Nakon što smo se pozdravili i zahvalili, Džejkovoj majci pre svega, seli smo sa rođokosim u kola i uputili se ka lokalnom aerodromu ne bili li iznajmili jedno vozilo kojim ćemo zakoračiti u novu, još jednu u nizu, avanturu. Aerodrom je bio vrlo mali, ako se izuzme avionska pista, više je ličio na autobusku stanicu neke varošice sa samo najosnovnijim prostorijama, koje su sve bile unutar malene zgradice koja barem meni nikako nije ličila na aerodrom. To nam je znatno olakšalo pronalaženje kompanije za izdavanje automobila, pošto je poslednji u nizu od tri šaltera bio baš onaj koji smo tražili. Okrenuo sam se ka Džejku pruživši mu ruku u nameri da se pozdravimo i poželimo jedan drugom svu sreću u nastavku naših života, ali on je insistirao da to odložimo za koji minut, dok se ne uveri da smo sto odsto spremi za dalji put i sa ključevima u rukama. Kakav fenomenalan dečko! Osmehnuvši se, okrenuo sam se i krenuo ka šalteru.

"Dobar dan. Trebao bi mi automobil. Najjeftiniji koji imate.", obratio sam se šalteruši, očekivajući dalja uputstva, pošto nikad do tad nisam bio mušterija ove delatnosti.

"Imate ponudu u brošuri ispred Vas, možete sami izabrati kola koja Vam odgovaraju.", odgovorila je ne skidajući pogled sa kompjutera ispred sebe.

"U redu, onda evo, želeo bih da iznajmim ovaj automobil." podigao sam brošuru pokazivajući prstom na najjeftiniji automobil.

"Šifra ponude?", promrmlja i dalje zureći u ekran kompjutera kao da joj je vrat ukočen pa ne može da se okrene ka meni.

"Šifra je: TJ3529c."

"U redu, na stanju imamo dva ovakva vozila, oba su bele boje. Da li Vam to odgovara?"

"Odgovara. Mislim, zaista mi nije bitno koje je boje auto koji ću voziti dve nedelje!", odgovorio sam blago povećanim tonom.

"Znači, automobil iznajmljujete na dve nedelje?", zaključi sama, i konačno se okrete ka meni.

"Da. Dve nedelje minimum, možda i tri, ali sa mogućnošću da auto vratimo u San Dijegu. To je moguće, jel da?"

"Jeste, imate našu filijalu na aerodromu, tamo možete ostaviti kola.", konačno se uključila u konverzaciju celim svojim bićem, gledajući u mene.

"Super! Onda je to to, uzećemo auto!"

"Treba mi vaša vozačka dozvola, debitna kartica, i vaša lična karta, i da popunite ovaj formular", gurajući dva zaheftana papira kroz otvor na šalteru.

"Nema problema, izvolite dokumenta.", levom rukom uzimajući formular, desnom sam gurao dokumenta kroz otvor, a potom sam se sklonio u stranu da popunim papir koji mi je dat. Dok sam razmišljao čemu ovoliko nebuloznih pitanja prilikom iznajmljivanja automobila, i kao da bi neko stvarno zaokružio "Da" na pitanje "imate li problem sa vidom tokom vožnje", glas iza šaltera se ponovo začuo.

"Gospodine, pa ovo ne može! Vaša debitna kartica nije američka!", obratila mi se, skoro pa uvređeno, kao da sam pokušao da je prevarim poturivši joj evropsku, ispravnu debitnu karticu.

"Pa kakve veze ima što nije američka?! I na ovoj ima para, debitna je, služi isto kao i svaka druga!", objašnjavam ja i u trenutku ne shvatam ozbiljnost njene gluposti.

"Ne, ne, mi prihvatamo samo američke kartice, ova ne vredi ništa! Molim Vas dajte mi drugu karticu.", iznervirana što je uopšte započinjala proces za iznajmljivanje.

"Pa nemam drugu, to je jedina koju imam! Evo, platiću kešom!" odgovaram kroz cinični osmeh koji je mogao da oslika moju nevericu, da u jednoj takvoj zemlji, velikoj i organizovanoj, jedna ovako trivijalna stvar ne može da funkcioniše.

"Ne možete platiti kešom, kartica je garancija ako se nešto desi kolima, a i depozit Vam vraćamo uplatom na karticu posle mesec dana, treba nam Vaša kartica!", povišuje ton svakom rečenicom, ljuteći se na mene jer nemam račun u američkoj banci.

Primetivši da sam se poprilično zadržao na šalteru, Džejk je odlučio da priđe i proveri šta se dešava.

"Jel sve OK, jel si izabrao kola?", naivni Džjek i ne sluti da se ovde već neko vreme vodi administrativna borba oko načina plaćanja.

"Izabrao jesam, ali izgleda da ih neću dobiti pošto ne primaju moju debitnu karticu koja je evropska! Treba mi US kartica.", bunim se ja bezuspešno.

"Pa evo uzmi moju karticu, neka provuče nju, a ti mi daj keš. Jel može tako?", ponudi se Džejk.

"Kartica mora biti u vlasništvu vozača vozila!", začu se glas iza šaltera pre nego što sam uspeo da odgovorim na Džejkovu ponudu. Umesto odgovora iz mene je izašao uzvik neverice kakav se bar u mom Zemunu često može čuti.

"Aaaaaaaaa, ma znate šta, dajte mi nazad moja dokumenta, nećemo iznajmiti auto!!", vrisnuh ja kroz rupu šaltera i bacih formulare koje sam prethodno već popunio u kantu pored sebe.

Okrenuo sam se i krenuo da idem ka izlazu, dok su Gabrijela i Džejk kaskali za mnom.

"Šta ćemo sad? Ako ne uzmemo automobil, kako ćemo stići do Montane?! Ovo je jedina kompanija u okrugu koja daje mogućnost da ostavimo auto u San Dijegu!", uspaničeno se pitala Gabrijela.

"Da, jedina koja daje mogućnost da se ostavi auto na drugoj lokaciji, ali ne daje mogućnost da platimo! Ništa ne prihvataju osim US kartice koja mora da bude moja jer sam vozač! Mi to nemamo, tako da se tu završava svaka mogućnost uzimanja kola! Moraćemo da smislimo drugi način da se odvezemo do Montane.", objašnjavam Gabrijeli ni sam ne znajući koji je to drugi način i kako ćemo napustiti Toledo.

"Predlažem da se vratimo u kuću moje majke, ja ću moći da se spakujem za koledž, a vi možete da pogledate druge opcije, možda voz, autobus ili avion. Voleo bih da mogu više da vam pomognem, ali stvarno imam obaveza preko glave, i ja putujem danas isto.", realan je bio Džejk. Stvarno smo mu pomrsili sve planove tog jedinog dana koji je bio kući pre nego što će otići u školu na nekoliko meseci. Sigurno je mogao da ga provede lepše, u krugu porodice ili prijatelja, nije morao da nam ovoliko izlazi u susret.

Po povratku u kuću smo prionuli na posao, svako na svoj. Pošto je opcija iznajmljivanja kola definitivno propala, bili smo prinuđeni da tražimo drugo prevozno sredstvo. Najlogičnije je bilo da prvo proverimo polaske sa autobuske stanice, što smo i učinili. Saznanje da autobus putuje skoro pedeset sati do Montane je na nas delovala prilično poražavajuće, pa smo odmah počeli da tražimo drugu opciju... voz. Voz koji se kretao u pravcu koji nama odgovara je to jutro prošao kroz Toledo, a sledeći je prolazio za tri dana, što je značilo da nam ni ta varijanta nije bila srećna. Nismo imali obraza da sedimo u kući Džejkove majke tri dana, već smo dovoljno iskoristili sve pomoći te dobre porodice, tako da smo i ovu opciju brzo napustili. Jedina preostala varijanta koja je išla na ruku svima, osim našem novčaniku, bila je avion. Let koji bi nas odveo na željenu lokaciju i rešio našu agoniju bar tog dana, nije startovao sa lokalnog aerodroma u Toledu, već iz Klivlenda. Vazdušna trasa Klivlend- Denver- Bilings (Montana), u osamnaest časova i četrdeset minuta popodne, bila je naša jedina opcija, i trebalo je reagovati ekspresno. Posle kraće konsultacije sa Džejkom, odlučili smo da prihvatimo njegovu poslednju uslugu (prevoz do Klivlenda), kupimo avionske karte, čime smo znatno umanjili našu ušteđevinu zarađenu na kampu, i konačno krenemo dalje prateći našu avanturu, koja se očigledno sama crtala onako kako njoj odgovara.

Vozeći se ka Klivlendu, vreme smo proveli uglavnom smejajući se ovom bizarnom danu, zbijajući šale na sopstveni račun, u kojima je prednjačio Džejk. Najupečatljivija šala bila je ta da on ne može da poveruje u naš konačan odlazak, i da će čekati na parkingu da vidi avion kako poleće, kao i šala da će pitati da uđe sa nama u avion samo na kratko, kako bi se uverio da smo se ukrcali i da se nećemo vratiti u Toledo sa njim. Mi smo ga uveravali da ćemo ga ovaj put sigurno ostaviti da se na miru pakuje, da mu je bolje da nas samo izbaci iz kola čim dođemo na aerodrom i krene kući, jer smo ga već dovoljno namučili, i da ne misli da su svi Srbi ovako teški za druženje.

Na aerodromu smo se pozdravili, Džejk nije krenuo sa nama do aviona, ali nije ni otišao glavom bez obzira, već je posle srdačnog grljenja i lepih reči koje su išle u oba pravca, lagano seo u kola i krenuo nazad u svoj život i svojim obavezama. Mi smo nakon kraćeg pregrupisanja torbi krenuli da se čekiramo za naš prvi let ka Denveru. Ali iznenađima nikad kraja! Samo je Marfi mogao da objasni u svojim zakonima situacije koje su se nizale ispred nas; kao da je ceo dan bio uklet i po nas, ništa nije moglo glatko da prođe. Naime, ispostavilo se da je avionska karta koju smo kupili, i platili kao deset noćenja u hotelu sa šest zvezdica, podrazumevala prtljag do dvadeset kilograma, bez opcije za ikakve izmene na istoj. Pošto smo naše putne planove pravili shodno prekookeanskom letu Njujork- Beograd, naše torbe su bile precizno izvagane na po dvadeset i tri kilograma. To je značilo da imamo zejdeno šest kilograma više od dozvoljenog za ukrcavanje na let.

"Imate ukupno šest kilograma više nego što je dozvoljeno, molim vas da prepakujete stvari kako bih mogla da vas čekiram.", reče tamnoputa gospođa za pultom, krupnog stasa i pogleda kao da je već bila spremna za raspravu. Debele, napućene usne i poluspuštene obrve govorile su nam da ima spreman odgovor na pitanje "zašto ne može da nam progleda kroz prste" , koji bi verovatno glasio da "procedura mora da se prati, šta bi bilo kada bi svi poneli po šest, sedam kilograma više od dozvoljenog" i ko zna kako još. Ali umesto bilo kakve molbe, žalbe ili pitanja sa naše strane, usledio je prvo obostran pogled ka kurpulentnoj tamnoputoj dami, a zatim jedno prema drugom (između Gabrijele i mene). Dok smo se gledali, kao da smo govorili pogledom. Ako bi pogled zaista mogao da govori, ovaj naš bi verovatno izgovarao "pa zar smo očekivali da ćemo samo sesti u avion i poleteti bez ikakvih poteškoća!?".

Ako čovek ne može da uđe u auto, autobus, voz, i na kraju mu ne daju da uđe u avion, mislim da je normalno da malo poludi, bar na kratko, tog dana. Ne znam kako i zašto se to dešava, ali eto, desilo se i nama. Neočekivano ili očekivano, prasak histeričnog smeha koji ni danas ne umem baš da objasnim, zahvatio je i mene i Gabrijelu; ne mogu da tvrdim da je počeo razmenom pogleda ili posle, a ni kada je prestao. Znam samo da smo se Gabrijela i ja toliko ludački smejali u neverici šta nam se dešava, da smo privukli pažnju svih koji su se tu zatekli. Ljudi koji su prolazili pored nas, posmatrali su nas u hodu žureći na svoje letove, a bilo je i onih koji su nas posmatrali od samog početka, (možda su imali više vremena od ovih drugih), verovatno razmišljajući "vidi ova dva narkomana kako sc klibere i bacaju stvari u kantu!". Da, upravo to se događalo! Samo što mi nismo bili opijeni ni jednom drogom, već svim neuspelim pokušajima da tog dana napustimo Ohajo, pa nam se u tom trenutku zaista prespojila neka žica u glavi i izazvala napad smeha i totalne letargije prema našim ličnim stvarima, da smo bez ikakvog prethodnog dogovora gotovo istovremeno otvorili torbe i počeli da smanjujemo kilažu bacajući garderobu, Gabrijelinu šminku, moje patike... Valjda nam je bilo dosta za taj dan, i želeli smo samo da poletimo, ne razmišljajući više o drugim opcijama, jer je bilo evidentno da se tog dana svako naše mozganje, na kraju ipak završilo kako mi nismo želeli, ili onako kako je to neko drugi zamislio.

Gledajući mene kako izuvam stare patike i bacam ih u kantu, a nešto novije vadim iz torbe i obuvam, gospođa za pultom nije izdržala da ne prokomentariše:

"Za pet godina rada na ovom mestu, vi ste prvi koji su bacali stvari da bi poleteli. Čak mislim da ste prvi koji su ovu informaciju prihvatili sa "osmehom" na licu. ".

"To je zato što smo danas takve sreće da će nam se avion verovatno srušiti negde, tako da nam stvari neće biti potrebne.", uzvratio sam zadihan od smejanja, ne shvatajući da sam mogao da izazovem još jedan, veći belaj, jer na aerodromu se takve rečenice shvataju smrtno ozbiljno, kao recimo i reč "bomba" u bilo kom kontekstu. Sve takve izgovorene reči ili ova moja šala se tretiraju kao teroristički akt, i mogu dovesti putnika do zatvorske ćelije pre nego do željene destinacije. No, barem u tom trenutku, sreća nas je malo okrznula i gospođa za pultom nije napravila dramu zbog moje opaske, već se nadovezala:

"pa pasti verovatno neće, ali su velike šanse da nećete stići na konekciju za Bilings, zbog neveremna. Srećno vam bilo."

To me je podsetilo na već pomenutog Marfija i jednog od njegovih zakona koji glasi "smeši se, sutra će biti gore.", ali ovaj put nisam izustio još jednu visokorizičnu rečenicu, već sam poslušao Marfija, samo se osmehnuo, i klimnući glavom produžio ka avionu.

Baš kao što je tamnoputa radnica na aerodromu u Klivlendu predvidela, kasnili smo sa sletanjem u Denver. Delilo nas je svega desetak minuta do poletanja za Bilings, međutim zahvaljujući drugim putnicima koji su takođe kasnili na let, a i našim brzim nogama koje su pretrčale pola aerodroma za vrlo kratko vreme, uspeli smo da stignemo na našu konekciju. U Bilingsu nas je čekala Vanda, uzbuđena što me vidi opet posle pet godina. Puna pitanja kojima je pokušavala da upotpuni sliku gde smo bili i šta smo radili prethodni period, ali i da prekrati vreme vožnje do Majls Sitija, vozila je polako i sa puno opreza, kako inače majke voze. Bez obzira na to što je vožnja bila nešto sporija, bio sam srećan, jer smo se ipak, nekako, na kraju dana, kretali ka našem novom prenoćitu u kome ćemo ostati nekoliko dana. Mogli smo da odahnemo bar na neko vreme.

# Majls Siti Montana

Posle nešto više od dva sata vožnje, stigli smo u Vandinu novu kuću, koju su počeli da grade još dok sam studirao u Majlsu. Bilo je prilično kasno kada smo stigli, svi ostali članovi Vajfert porodice su već uveliko spavali, tako da smo se tiho ušunjali u kuću, i bez suvišnih, bučnih pokreta popeli na sprat uputivši se pravo u sobu koju nam je Vanda predstavila kao naše prenoćište u narednim noćima.

Narednog jutra smo se spustili iz sobe u dnevni boravak, u nameri da se pozdravimo sa ostalim ukućanima, ali i da popijemo prvu jutarnju kafu bez koje ni Gabrijela ni ja nismo mogli da funkcionišemo, ali na naše iznenađenje, kuća je bila prazna. Dok smo pomalo zbunjeni i još pospani tumarali po dnevnom boravku, prepirući se da li da se vratimo u sobu i tamo čekamo iza zatvorenih vrata dok se neko ne pojavi i zvukom otkrije svoje prisustvo, ili da jednostavno sednemo u dnevnu sobu, skuvamo kafu i dočekamo mi njih u njihovoj kući, Vanda je ušla u kuću sa punim rukama kesa, očigledno vraćajući se iz prodavnice. Deca su bila u školi, a Vandin muž Frenk je bio na poslu, tako da su moj ponovni susret i Gabrijelino upoznavanje sa Vajfert porodicom odloženi za posle podne. Vanda nije radila, već je bila zadužena za obavljanje poslova po kući i oko nje, kao i za vođenje računa o deci, pomaganje oko domaćih zadataka, vožnje u školu, na treninge i ostale aktivnosti koja su deca imala. Tako je bilo i dok sam ja studirao. Ona je uvek bila dostupna i spremna da pomogne, iako je uvek imala svoje mnogobrojne obaveze, nikad nije bila ograničena vremenom, valjda zato jer je svoje obaveze mogla sama sebi da organizuje i pomeri ih za sat ranije ili kasnije da bi se, recimo, našla meni na usluzi. Tako na primer, kada bi se u Montani spustila zima na minus dvadeset stepeni celzijusa, ja bih je zvao da me odveze do Volmarta, koji je bio udaljen svega petnaestak minuta hoda od mog koledža, a Vanda bi se svaki put odazvala, pomerajući kuvanje ručka, sređivanje kuće ili neku treću svoju obavezu za sat vremena kasnije. Jednostavno rečeno, ova domaćica u ranim četrdesetim je stizala je svuda, od teretane rano ujutru, spremanja dece za školu, kuvanja svih obroka za taj dan, sređivanja kuće, pa sve do pomaganja studentima na Majls Komjuniti Koledžu, posećivanja prijateljica, učestvovanja u humanitarnim akcijama preko crkve itd.

Posle četiri sata popodne, kuća je polako počela da se puni. Prvo su stigla deca iz škole, a potom je došao Frenk sa posla, i do šest časova više niko nije nedostajao. Moja prva velika impresija bila je kada sam video devojčice, prvi put posle pet godina. Stejsi i Megan, imale su devet i jedanaest godina kada sam napustio Majls Siti, bile su male sitne devojčice pune duha i uvek spremne za raznorazne igrice na podu dnevne sobe. Tako sam ih najviše pamtio, svaku nedelju uveče, posle večere, sedeli bismo na podu i uz smeh i dečiju vrisku igrali mnogobrojne društvene igre, uz nebrojano smešnih i čudnih pitanja i komentara kakve samo deca mogu da postave, pogotovu osobi koja je dolazila iz druge zemlje, drugog kontinenta, druge kulture i govornog područja. Sada su te male devojčice porasle, što je, složićete se, normalno i prirodno posle toliko godina. Međutim, od onih malih i sitnih devojčica ostali su samo tragovi na njihovim licima, i ništa drugo nije moglo da oda utisak da su to ta deca, koja su imala problem sa kilažom, bile krhke i nežne, i jake samo na rečima. Megan i Stejsi su posle pet godina porasle i razvile se kao da su upale u mutagen (supstanca koja je stvorila nindža kornjače), širokih ramena kao da su olimpijske plivačiče, i jakih vratova, nogu i ruku, delovale su pre kao da su upravo došle iz teretane, a ne iz škole. Obe su izgledale kao odrasle dizačiče tegova, i moja neverica da su to ta deca od pre pet godina je definitivno bila opravdana.

Treće dete, najstarije i muško, Bob, ostalo je dosledno svom detinjstvu, i dalje sav neuhranjen je imao nešto više od 60 kilograma sa svojih osamnaest godina, i bio je sve što njegove sestre nisu; krhk, nežan i ženstven, kao neki leptirić. Kao da je neko loše promešao karte i podelio ih pogrešno ovoj deci. Najstariji brat, koji bi po nekim nepisanim pravilima trebao da bude podrška, zaštita i oslonac mlađim sestrama, je ustvari bio najslabija karika i taj kome je trebalo sve gore navedeno, jer Bob se plašio svoje senke i bio idealan plen za dečije zlokobne smicalice. A opet, po svemu sudeći je imao vrlo jaku zaštitu svojih sestara, verovatno najjaču u školi, iako bi bilo logično da kao najstariji i jedino muško on bude taj koji će braniti sestre, pokupio je neke druge životne karte, pa su se uloge obrnule.

Ipak, to ne menja činjenicu da su to i dalje bila dobra i vesela deca, i naš odnos se ni posle pet godina nije promenio, iako su oni porasli i sazreli, razloga za smeh je i dalje bilo, pitanja i komentari su im i dalje bili duhoviti i vreme provedeno sa njima podjednako zabavno kao pre.

Frenk je bio isti onakav kakvog sam ga pamtio iz vremena mojih koledž dana, uvek raspoložen, nasmejan, spreman za razmenu mišljenja i dobru konverzaciju, i do ušiju zaljubljen u Vandu. Činilo se da se ovom dragom čoveku čitav svet vrteo oko njegove lepše polovine, čak do te mere da bi se svaka njegova priča ili opaska završavala pogledom na nju, kao da je čekao neku vrstu odobrenja ili potvrde da je to što je ispričao dovoljno pametno, interesantno ili smešno. Ali taj odnos nije potpadao pod one stereotipne koji bi naš narod zvao "ne zna se ko nosi pantalone, a ko suknju", gde je žena glavna figura koja vedri i oblači i donosi sve odlike u ime cele porodice, a muškarac povučen i flegmatičan, držeći se ženi za skute, ispunjava sva njena naređenja i radi samo ono što mu ona kaže, i kako mu kaže. Frenk je imao svoje "ja", i definitivno je nosio pantalone, bio stub porodice i dobro držao konce u svojim rukama, samo nije mogao da sakrije ludačku zaljubljenost u sopstvsnu ženu, čak ni posle dvadeset godina, što je meni, moram priznati, bilo neizmerno simpatično.

Pored Frenkove ludačke zaljubljenosti, koja nam definitivno nije smetala, u ovoj porodici su postojale druge stvari koje bi Gabrijela sa sigurnošću definisala kao ludačke i kojoj su te stvari nenormalno smetale. Baš iz tog razloga sam sa namerom propustio da svojoj lepšoj polovini do detalja opišem Vajfertove, jer poznavajući ih dovoljno, znao sam za jadac koji je imao potencijalnu tendenciju da se slomi i pre našeg dolaska; jednostavno nisam hteo da rizikujem da Gabrijela odbije jedino prenoćište koje smo u tom trenutku imali, zbog svojih bubica i "uverenja". Evo o čemu se zapravo radi; Vajfertovi su hrišćani katoličke veroispovesti, i aktivni članovi jedne od sedam crkava u Majlsu. Međutim, kako to obično biva u Americi, svaka od tih sedam crkava propagira istu veru, istog boga, ali totalno drugačija verovanja, i tumače bibliju na sedam različitih načina. Crkva kojoj su Vajfertovi bili naklonjeni i koju su posećivali svake nedelje, koju sam čak i ja jednom posetio sa njima iz čiste kurtoazije dok sam bio student, bila je adaptirana kuća na obodu grada, sa utaknutom kapelom i zvonikom koji se virio iz krova, polupanim zidovima iznutra tako da je unutrašnjost preuređena u veliki oltar i deo prostorije koju su popunjavale klupe sa kojih su se ovi vernici molili, pevali crkvene pesme i slušali o njihovim verzijama biblije. Vajfertovi su bili toliko naklonjeni svojoj veri da su se molili pre svakog obroka, držeći se u krug za ruke blagosiljajući hranu koja je bila na stolu ispred njih, i zahvaljujući se Gospodu nasumično odabranim rečima koje su ih pogađale u tom trenutku. Upravo tako je Gabrijela saznala za njihova jaka uverenja u Isusa Hrista. Tog prvog dana smo svi zajedno seli za sto da večeramo, devojke su zajedno sa majkom postavile hranu i sve neophodne predmete u vidu escajga, slanika, bokala za vodu i ostalih potrebnih i nepotrebnih stvari za jednu pristojnu večeru. Kada je sto konačno bio postavljen, Frenk je kao glava porodice poželeo dobrodošlicu nama dvoma, rekavši nam da se osećamo kako kod svoje kuće i da im je svima mnogo drago što me vide opet i što su upoznali Gabrijelu, a potom se okrenuo ka deci i blaženih očiju upitao:

"U redu deco, ko će od vas, čiji je red?". Deca k'o deca, počeše da se prepiru, Bob je sav ucveljen vikao da je njegov red i da njega uvek preskaču, Megan se smeškala govoreći da bi ona mogla ali da nema ništa protiv ako to neko drugi uradi, dok je Stejsi kao najupornija i najprodornija uporno vikala:

"Ja, ja, ja, mogu ja tata, on će sutra!!!". U tom trenutku se Gabrijela okrenula ka meni, i sa zbunjenim pogledom i "osmehom pristojnosti" pitala:

"O čemu se radi, oko čega se prepiru? Šta će sad da rade?". Ja sam joj prijatnog pogleda i sa identičnim smeškom odgovorio na srpskom:

"Sad će da se mole, samo ne pravi dramu, ispoštuj ljude." Gabrijela je u deliću sekunde promenila boju, ali je zadržala prethodni izraz lica, što je mene neopisivo nasmejalo, ali sam uspeo da se suzdržim, i svoj smeh zadržim u sebi. U trenutku kada mi je tražila objašnjenje, obraćajući mi se na srpskom:

"Kako to misliš da se mole!?!", Vajfertovi su počeli da šire ruke hvatajući se u krug, i Megan je zgrabila Gabrijelu za levu, a ja za desnu šaku. Svi su zatvorili oči, pa čak i Gabrijela, koja je od šoka uozbiljila svoju facu kao da se udubila u izgovaranje molitve, verovatno očekivajući nešto slično našem Oče Naš, a onda ja Stejsi počela svoju nasumičnu molitvu:

"Gospode, hvala ti što si nam doveo Aleksa i Gabrijelu u naš dom, i što ćemo provesti vreme sa njima...", tu je uskočio Frenk, šaputajući:

"Hranu, prvo hranu...", i dalje zatvorenih očiju.

"A da! Hvala ti Gospode za ovu divnu večeru i svu ovu hranu pred nama, i na čiz kejku koju je mama konačno napravila od banane. Učini nam ovaj period sa Aleksom i Gabrijelom nezaboravnim, i da moj tim dobije utakmicu za vikend. Amin." Moram da priznam da ja nisam skroz zatvorio oči, već sam škljio posmatrajući Gabrijelinu reakciju, koja se prvi put susrela sa ovom vrstom molitve. Njeno lice, koje se borilo da ostane pribrano kao da je sve ovo jedna rutina i normala za nju i njene standarde, nikad neću zaboraviti. Da mi je neko rekao da čovek toliko može da se smeje u sebi koliko sam se ja tada smejao, ne pokazujući nikakvu spoljašnju reakciju, ne bih mu verovao. Šlag na tortu ove priče je Gabrijelino izgovoreno "Amin" na kraju molitve, koje je bilo glasnije i piskavije od ostalih vernika za stolom. Valjda se toliko skoncentrisala da prikrije svoje zaprepašćenje celom situacijom, da je to "Amin" prosto izletelo, kao iz topa opaljeno. Čak su se i Vajfertovi trgnuli na njeno "Amin", a ja sve ispratio kroz trepavice koje su bile jedva blago spuštene, sa napadom smeha koji se dešavao u meni.

Pre nego nastavim dalje, dužan sam da objasnim Gabrijelinu zavadu sa svevišnjim i razloge njene nelagode boravkom u kući Vajfertovih. Naime, Gabrijela je otvoreni ateista, ali u suštini poštuje sve ljude koji veruju u Boga i prate običaje, čak ide kod bliskih ljudi na slave pridržavajući se svih verskih pravila. Ono gde se Gabrijela i vernici razilaze, jeste fanatizam, ili kako bi to ona rekla "ljudska glupost". Tu se u stvari radi o direktnom opterećivanju njene duše i tela religijom u bilo kom obliku, sve što direktno urušava njenu auru, ona definiše kao fanatične pokušaje i borbu "božijih" ljudi da preobrate nju "grešnu nevernicu", koja je sebi dobra takva kakva jeste, i ne toleriše napore ljudi da je guraju u nešto što ona nije i ne oseća. U prilog argumentima njenog stava, celo njeno uverenje je potkrepljeno stotinama dokumentarnih fimova o raznoraznim sektama koje je pogledala, i koji se uvek završavaju identično, tvorci religije se bogate, dok zaslepljena masa daje sve što ima u slavu Boga ne bi li sprala grehe sa sebe. Posle svakog dokumentarca, gotovo besna i u neverici, nepogrešivo komentariše kako ne može da shvati da neko poveruje, recimo, u sajentologiju, u kojoj je Bog četrdesetpetogodišnji čovek koji čeka NLO da povede sve svoje sledbenike na neko bolje mesto, ali prethodno moraju da plate članarinu u dolarima na njegov privatni račun, ili, ako je Bog u svima nama zašto Jehovini svedoci moraju da idu od vrata do vrata propagirajući svog Boga, ako je tetovaža bogohuljenje jer se skrnavi ljudsko telo, zašto je sunećenje sveti čin kod muslimana, ili kako ona da veruje u svoju religiju kad je diskriminišu ne puštajući ženu da uđe na Svetu Goru, i mnoštvo drugih komentara na koje ja nemam odgovor. Zato je po njenom mišljenju religija privatna stvar, i iako misli da je besmislena i neposetojeća, u redu je dok nikog ne opterećuje i ne forsira.

Zato je naše bitisanje u kući Vajfertovih, bilo bitisanje visokog rizika, jer oni takvi kakvi jesu, konzervativni i fanatični u svojoj veri, gurajući Boga u svaki obrok, svaku kafu, igru ili socijalni događaj uopšte, nisu tolerisali ljude drugačijeg mišljenja i životnih navika; a sa druge strane, Gabrijela nije tolerisala nametanje religioznih normi, i samo je bilo pitanje ko će prvi prasnuti i kad. Između te dve strane stajao sam ja, koji je navikao na Vajfertove, prihvatio ih takve, a opet uspeo da ih malo smekša da prema meni koji nisam nešto naručito opčinjen bilo kojom religijom, ne guraju te teme u kojima bismo se razišli, već da su teme kao što su košarka, šah ili Srbija bile te koje su nas spajale. O Gabrijeli ne bih trošio reči, ona je bila moja, sa svim manama i vrlinama, ja sam je takvu voleo i podržavao bezuslovno, samo je bilo bitno odgoditi njen buntovnički poriv za koji dan, dok ne nađemo sledeće mesto u kome ćemo boraviti. I moram priznati, poznavajući je onako kako se samo supruga poznaje, pa i malo više od toga, ona je svoj rep povila do maksimuma, prihvativši pravila kuće koja su bila sve samo ne laka. Tako je na primer, ona bila primorana da se krije iza kuće svaki put kada bi želela da zapali cigaretu, da ne bi ostavila loš uticaj na decu koja su, po njihovim rečima, bila u najkritičnijiem životnom periodu. Pored tajnog pušenja, na pravilniku su se nalazila pravila kao što je zabrana šminkanja u kući, jer takođe može da navede devojčice da požele da se ulepšaju i time unište kožu; onda, nepominjanje reči "pivo" i "alkohol", jer se njihova crkva razlikovala od ostalih šest u gradu baš po tom verovanju da Isus nije pretvorio vodu u vino, te da je bilo koji alkohol zapravo đavolov otrov za omamljivanje i prečica ka paklu.

Prošlo je par dana, većih problema u raju nije bilo jer smo se Gabrijela i ja pridržavali svih "božijih" pravila koja su vladala u kući. Pošto smo svakog dana vrebali priliku da eventualno uhvatimo neki jeftin let ka Las Vegasu, ili smislimo neki drugi način kojim ćemo nastaviti našu pustolovinu ka San Dijegu, konstantno smo bili u kontaktu sa svim ljudima koje znamo ne bi li našli novo prenoćište. Pored svakodnevnih planiranja šta i kako dalje, vreme smo provodili obilazeći meni drage ljude koji su živeli Majls Sitiju. Pored profesora sa koledža, posetili smo mog košarkaškog trenera, radnike u kafeteriji škole i par prijatelja van nje. Baš smo se iz jedne takve posete vratili u kuću Vajfertovih, kad nas je dočekala grupica od desetak tinejdžera u dnevnom boravku i Vanda koja je sedela sa njima u centru polukruga sačinjenog od stolica. Ušli smo pomalo bojažljivo samo mahnući grupici u nameri da ne prekidamo to "nešto" što se dešavalo, kretajući se ka stepenicama koje su vodile do naše privremene sobe, ali Vanda je ustala sa svoje centralne stolice i krenula za nama, obraćajući se grupi:

"Nastavite bez mene, vraćam se za par minuta. Bobe, mislim da si ti sledeći.". Mi smo se već popeli do hodnika na spratu kuće, za nama se mogla čuti škripa stepenica kakava je karakteristična za montažne kuće, a škripu je pratilo Bobovo čitanje biblije, koji je sam započeo prvih par reči, a grupa bi se kao po taktu pridružila. Moram priznati da je ceo taj prizor bio pomalo sablastan i meni delovao blago zastrašujuće, pogotovu pojavom Vandine senke u hodniku gde smo stajali. Čak sam stigao i da zamislim filmsku horor scenu u kojoj grupa čita obrednu mantru, a Vanda se penje ka nama sa satarom u ruci, u nameri da nas žrtvuje za više ciljeve svoje crkve. Dok sam ja sve to zamišljao u svojim mislima, Gabrijela je otključala vrata naše sobe, a Vanda se popela do hodnika praznih ruku i širokog osmeha, vidno spremna da nam nešto saopšti.

"Aleks, ti si juče za ručkom pominjao kako ti je najviše žao što niste iznajmili kola u Ohaju jer ste propustili priliku da posetite Maunt Rašmor usput?!", reče Vanda čekajući da potvrdim svoju rečenicu od juče, koju sam zaista izgovorio i osećao.

"Pa jesam, rekao sam. Stvarno mi je žao što to nećemo videti, a mogli smo, da smo iznajmili auto, prolazili bi tuda, i mogli smo da iskoristimo priliku." potvrđujem ja i ponavljam priču od juče.

"E pa Frenk i ja smo razgovarali, mogli bi smo da vam pozajmimo naš auto, i svu opremu za kampovanje, tamo ima predivnih mesta gde ljudi ostaju da prespavaju u šatoru, priroda je divna, ima svašta da se vidi pored predsedničkih uklesanih glava. Šta mislite o toj ideji? "

"Pa ne bi bilo loše otići na jednu noć, ja bih voleo. Šta ti misliš ljubavi?", pogledao sam ka Gabrijeli, koja, podsetiću vas, ima fobiju od svake vrste buba, a joj nudim da odemo da prespavamo u šumi. To je kao da klausrofobičnom čoveku nudite da prespava u mrtvačkom sanduku, ali priznajem da sam u ovom slučaju bio sebičan i mislio samo na sebe i svoju impresiju Maunt Rašmorom, šumom i prirodom uopšte. Za divno čudo, Gabrijela je pristala na prvu, valjda jer smo išli kolima, pa smo u svakom trenutku mogli da spustimo sedišta, i prespavamo unutra ako kampovanje krene po zlu.

"E pa super! Onda ćemo se sutra ujutru dogovoriti kako da vas opremimo i pošaljemo od kuće na dan, dva. Vidimo se sutra, pa se sve dogovaramo. Jao što sam uzbuđena zbog vas! Idem da završim grupno čitanje biblije sa decom, mislim da zabušavaju bez mene. Laku noć.", kroz osmeh je govorila Vanda, stvarno vidno uzbuđena. Spuštajući se niz stepece, opet se od nje mogla videti samo senka, a i ona je ubrzo nestala, dok su se glasovi "Novog Zaveta" probijali iz dnevne sobe kroz celu kuću.

Narednog jutra, bio je vikend, u dnevnoj sobi nas je dočekao Frenk sa gomilom stvari razbacanih oko sebe svuda po podu. Bilo je tu svega što čoveku može da padne na pamet kada se pomene reč "kampovanje", od šatora, raznih užadi, baterijskih lampi različitih veličina, pa sve do plinskih boca, paketa vode, hepo kockica za lakše paljenje vatre i mnogih drugih rekvizita. Vanda je cirkulisala od kuhinje do dnevne sobe, i dalje uzbuđena što ćemo napustiti njihovu kuću na neko vreme; u kuhinji bi proveravala hranu koju je spremala u rerni, pa bi se vraćala u dnevnu sobu proveravajući spisak svih potrebština za preživljavanje u divljini koji je očigledno odavno napravljen za ovakve prilike. Nisam stigao ni da srknem svoju prvu jutarnju kafu, a Frenk mi je već uveliko pokazivao kako da postavim šator kada budemo stigli u Maunt Rašmor, razapinjajući jedan na sred dnevnog boravka. Takođe je počeo da mi pokazuje arsenal svojih baterijskih lampi upirući u mene svetlo jedne, pa druge, zatim treće, i tako redom, sve dok nisam odabrao "lampu koja mi se najviše svidela". Odabrao sam onu koja me je najviše zaslepila, ali da budem potpuno iskren, nisam puno razmišljao u odabiru, već samo gledao da što pre pokažem prstom na neku od ponuđenih lampi, ne bi li Frenk prestao da mi ih nabija u facu i pusti me da popijem bar dva gutljaja kafe.

Pošto je Vanda završila sa kuhinjskim obavezama, a Frenk sa prezentacijom svega što ima za preživeti u divljini, konačno su seli preko puta nas na trosed i mogli smo da na miru popijemo kafu i dogovorimo se oko našeg odlaska na Maunt Rašmor. Oni su nam objasnili kako najlakše do tamo da stignemo, gde da se stacioniramo, na šta da obratimo pažnju i mnoge druge korisne stvari oko kampovanja koje do tada nismo znali, pošto nam je ovo bilo vatreno krštenje. Složili smo se da odemo to jutro i prespavamo u šumi, pa da, ako nam se svidi ostanemo još jednu noć, te bi se vratili tek treći dan. U jednom momentu, Vanda je kroz gomilu uputstava koja nam je usput davala, provukla i da ako nam se baš svidi možemo da ostanemo i duže od dve noći, a da kada se vratimo sa kampovanja, moramo da se aktiviramo malo, i kroz crkvene aktivnosti vratimo zajednici što nas je ovako lepo prihvatila. Na naše pitanje "šta bi to bile crkvene aktivnosti", ona je odgovorila da je jedna od njih sakupljanje dobrotvornih priloga po kućama. Navela je Vanda još par primera "crkvenih aktivnosti", ali mi je od ove prve ostalo da zuji u ušima, pa nisam čuo ništa naredni minut, dva, osim svojih misli.

"Au, ovi stvarno govore kao da su u nekoj sekti, pa to rade i Jehovini svedoci! Nema šanse da ću da idem od vrata do vrata da skupljam milostinju za njihovog treznog Isusa! Ni za ovog mog što voli vino ne bih skupljao, pa neću ni za ovog!".

Dok sam se raspravljao sa Vandom, naravno samo u svojim mislima, porodični automobil marke Dodž bio je spreman za pokret i opremljen tako da bi se čovek osećao komotno pa sve da se uputio na Himalaje. Tako da smo faktički ugurani u kola krenuli u pravcu Južne Dakote, u našu sledeću avanturu, pod blagim utiskom šta nas čeka kad se vratimo iz nje. Gabrijela je presekla neprijatno brujanje motora, koji se jedini čuo u zatvorenim kolima, konststacijom da bismo trebali da ostanemo kamperi dokle god ne rešimo da idemo dalje iz Montane, i da će joj lakše pasti spavanje u šumi među bubama nego skupljanje dobrotvornih priloga za crkvu. Moram da priznam da sam se i ja složio sa njenom konstatacijom, ali sam takođe dodao da smo sada u prilici da uživamo u ovim danima koji su bili ispred nas, i da ostavimo brige i planiranja za kasnije. Trebalo je napuniti baterije za sve što nas čeka, a ovo se činilo kao dobra prilika za to. Zvuk motora je zamenila pojačana muzika, a mi smo se kretali ka našoj prvoj destinaciji koja se nalazila u Vajomingu.

# Maunt Rašmor

Pošto smo još u Toledu planirali da prođemo kroz ove predele dolazeći u Majls Siti, znali smo otprilike mesta koja smo želeli da posetimo, samo što smo u ovom slučaju planu pristupili retroaktivno. Prva lokacija vredna naše pažnje bila je u Vajomingu, kroz koji smo svakako prolazili da bi stigli do Južne Dakote i predsedničkih uklesanih glava. Đavolji Toranj, koji je meni izgledao kao ogromni panj visine oko trista metara, bio je verovatno proizvod ugašenog vulkana koji se stvrdnuo i zadržao baš takav oblik, kao da je neko posekao džinovsko drvo i ostavio ovaj ostatak da "viri" iz zemlje. To je bila malo poznata atrakcija za koju sam čuo još dok sam studirao, ali videvši uživo ovo čudo prirode izgrađeno od magme, nije mi bilo baš najjasnije zašto je Đavolji Toranj poznat samo na lokalnom nivou, jer definitivno zaslužuje veću slavu. To mislim i danas. Osećaj fascinacije koji se javlja posmatrajući ovaj divovski panj, nije ništa manji od gledanja bilo kojih drugih prirodnih svetskih čuda na svetu koja su međunarodno priznata. Pravda za Đavolji Toranj!

Nakon što smo malo odmorili od vožnje i dobro islikali toranj, kao i sve drugo okolo što nam se činilo interesantno, vratili smo se nazad na put, sa ciljem da sledeće stajanje bude na benzinskoj pumpi, pošto su nas Vajfertovi dobro opremili sa svim osim gorivom. Već posle nešto više od devedeset minuta vožnje, lampica je bila blizu da se upali. Ali to nije uticalo na nas, raspoloženje u kolima je raslo, konačno smo imali osećaj da ćemo se odmoriti par dana od svega što nas je prethodno snašlo, ne razmišljajući šta ćemo sledećeg dana. Bila je to avantura koju smo priželjkivali od početka, i konačno su se kockice sklopile barem na kratko vreme, da se osećamo slobodno i sigurno u isto vreme. Prema tome, jedna mala lampica na kontrolnoj tabli nije mogla da nas uzdrma, sve i da se upalila.

Na rubu države Vajoming, naleteli smo na maleni gradić, koji je za naše standarde više zasluživao epitet varošice, sa svega jednom ulicom, par kuća koje su se prostirale uzduž, nekoliko lokala i tipičnih američkih barova koji su delovali kao zatvoreni i spremni za renoviranje, školom i domom zdravlja odmah pored. Na samom kraju varoši, čak po malo udaljena od svega gore pomenutog, bila je benzinska pumpa. Da bih u potpunosti mogao da objasnim šta se dalje desilo, moraću da malo skrenem sa teme. Kada sam napunio osamnaest godina, prijavio sam se da polažem vozački ispit i položio iz četvrtog puta. Nakon dobijanja vozačke dozvole, odbijao sam da vozim auto u pratnji svog oca, koji je želeo da se uveri u moju spremnost da samostalno vozim po Beogradu, te je jedno mesec, dva, insistirao da sedi pored mene gde god bi se ja uputio... na trening, sastanak sa devojkom, vožnju sa društvom po kraju itd. Za jednog osamnaestogodišnjeg klinca iz Zemuna, nije postojao scenario u kome bi novopečeni punoletni tinejdžer mogao da dozvoli sebi ovako blamantnu scenu, da sa tatom vozi auto na ljubavne sastanke i druženja. Pošto mi se Dragan nije uklapao ni u jednu vožnju, a nisam mogao da ga ubedim da mi jednostavno da njegov auto, odlučio sam da ne vozim uopšte, i svoju sreću potražim i dalje koristeći autobus. Nisam vozio narednih godinu dana, a onda sam otišao u Ameriku na studije. Tamo takođe nisam vozio, jer sam uvek imao prevoz od drugih kad god mi je bio potreban. Tek sam po dolasku u Dubai kupio svoja kola i konačno, posle nešto više od pet godina, počeo da koristim svoju vozačku dozvolu. Ali život u Dubaiju me je toliko razmazio, ili da se preciznije izrazim, napravio me je idiotom, tolikim da osim vožnje automobila nisam znao ništa drugo o kolima. Bio sam toliki idiot da nisam znao sam da otvorim rezervoar i sipam gorivo; u Dubaiju su to radili Pakistanci i Filipinci zaposleni na pumpi, moje je bilo samo da spustim prozor i kažem koje gorivo i koliko želim, šta se dalje dešavalo iza mojih leđa, ja nisam imao pojma. Tako da do ovog trenutka u Njukaslu, ja nikad nisam sipao sebi gorivo, iako sam vozio već pune četiri godine. Izašao sam iz kola, kako se ne bih blamirao pred Gabrijelom, poslao sam je da plati gorivo i kupi nešto namirnica za put, i tada se prvi put sreo oči u oči sa crevom za punjenje goriva. Brzo sam skontao koje gorivo konzumira Vandin auto, izabrao odgovarajuće crevo, potom se okrenuo ka rezervoaru. Zvuči smešno, i pomalo idiotski, ali u žurbi da što pre otvorim rezervoar i sipam gorivo, pre nego dođe Gabrijela i uvidi sa kakavim šmokljanom je u braku, ja sam totalno zablokirao i počeo da cimam poklopac rezervoara, prvo ka sebi, pa da ga vrtim na jednu, zatim na drugu stranu, zatim da guram ka unutra ne bili ga otvorio... i ništa. Poklopac je i dalje prekrivao rupu rezervoara, a ja sam paničio sve više, pokušavajući sve manje logične načine da ga otvorim. Ne mogu sa sigurnošću da kažem koliko je trajala ova moja agonija, ali znam samo da je Gabrijela završila u prodavnici sve što je trebala; ugledavši je kako izlazi, sav crven u licu, valjda od sramote, a možda malo i od uzaludnog povlačenja poklopca, nisam imao drugog izbora, morao da je pozovem da i ona proba da otvori rezervoar. Gabrijela je prišla, spustila novčanik na krov automobila i počela da cima poklopac baš onako kao što sam ga i ja cimao. Pomislio sam:

"Dobro je, nije do tebe, mora da je ovo sranje pokvareno, čim ni jedno ni drugo ne možemo da ga otvorimo.". A onda nam je prišao jedan bajker, koji je sve vreme čekao iza nas u redu i nameri da napuni svoj Harli Dejvidson, te je sa ciničnim osmehom na licu, otvorio rezervoar iz prve i sa dva prsta. Čak nam je i održao kratak kurs sipanja goriva, što je učinilo da se osetimo još većim tupsonima. Ovog puta nisam samo ja stajao pored automobila crvenog lica; Gabrijelina faca je takođe promenila boju. Posramljeni smo brzinski seli u kola i pobegli sa pumpe kao da nas je pojurilo krdo bizona, dok je masni bajker kakve smo do tada viđali samo u holivudskim filmovima, iskazivakući svoju nevericu odmahivanjem rukama i smejući se sebi u brk, lagano odšetao ka svom motoru.

Narednih pet minuta vožnje smo komentarisali kako ćemo ovaj blam držati u najvećoj tajnosti, jer stvarno je bilo ponižavajuće da dve odrasle osobe, od kojih je jedna muška (i ima vozačku dozvolu desetak godina), ne znaju jednu tako trivijalnu stvar. Verujem da bi se desetogodišnje dete bolje snašlo u ovoj situaciji, ali kod nas je to prosto tako, ja imam sklonost da se zbunim i upletem tamo gde većina ne bi, i uglavnom su to neke benigne situacije kao što je ova bila, a tu svoju zbunjenost i upletenost vrlo lako prenosim na Gabrijelu, koja jednostavno samo upadne u taj moj vrtlog smotanosti, tako da kao epilog dobijemo scenario kao što je bio ovaj.

Nakon pet minuta vožnje, naše lice je izgubilo crvenilo koje smo zaradili na benzinskoj pumpi, te smo mogli da se vratimo posmatranju prelepih predela koje smo osvajali sve do Maunt Rašmora. Bilo je to predivnih sat i četrdeset i pet minuta vožnje kroz kanjone i šume, po serpentinama koje su nas dizale sve više ka vrhu planine. Čak je, u jednom trenutku, jelen preskočio put ispred nas, ali na svu sreću, bio je dovoljno daleko da ne izazove sudar ili kakvu veću nesreću, a opet dovoljno blizu, tako da smo mogli da pogledom i sa divljenjem ispratimo taj graciozni skok. Ova prelepa životinja je u samo jednom skoku preskočila dve kolovozne trake, a potom nestala u gustini šume koja se nalazila tik uz put. Sve se dešavalo u deliću sekunde, ali je njegov let meni delovao kao da je neko usporio vreme za trenutak. Imao sam osećaj kao da sam mogao da vidim sve, od njegovih velikih rogova i krupnog oka koje je bilo upereno baš u nas, pa sve do dužine njegovih nogu i ogrebotina po telu koje je imao, verovatno provlačeći se kroz raznorazno šiblje. To nam je dalo novu temu za razgovor; dok je na mene ovaj jelen ostavio fascinantan utisak nečeg prelepog i gracioznog, Gabrijelu je uplašio, jer po njenim rečima, samo su nas sekunde delile od nesreće i sudara. Dok sam ja hvalio jelena, ona me je opomimjala da gledam kuda vozim i budem pažljiviji, kritikovala državu ili ko je već bio odgovoran za ne ograđeni put usred šume, i tako sve do naše konačne destinacije... kao što rekoh, prelepih sat i četrdesetpet minuta vožnje.

Kada smo stigli na Maunt Rašmor još je bio dan, mada je sunce pretilo da zađe, ne baš svakog trenutka, ali vrlo uskoro. Iako smo imali ceo sledeći dan pred nama, uzbuđenje nas je teralo da, pre nego nađemo mesto za šator u centru za kampovanje, odemo da vidimo uklesane predsedničke glave. Najbolje mesto sa koga se mogla videti ova atrakcija bio je turistički centar na vrhu planine, koji je naplaćivao deset dolara ulazak sa sve parkingom. Bila je to dobro osmišljena i izgrađena ruta, koja je, pored parking mesta, uključivala posetu muzeju koji je jasno prikazivao kako je ova tvorevina nastala, prikazujući istorijske činjenice, predmete i po koji video i sliku, onda šetnju po planini sa koje se mogao sagledati ovaj veliki spomenik iz više uglova, i na kraju kratku pozorišnu predstavu koja oslikava do tančina dešavanja iz tog perioda. Sve smo ovo Gabrijela i ja videli, ali ne tog dana kada smo došli, iako smo se, kao što rekoh, odmah uputili tamo.

Na ulazu u turistički centar, uhvatio sam se za džep u kome mi obično stoji novčanik, ali džep je bio prazan. Pomislio sam da sam ga verovatno, u nekom trenutku, izvadio jer mi je smetao u toku vožnje, pa sam ga nesvesno premestio u neku od pregrada u kolima; ali detaljnom proverom svih šupljina u autu, i dalje ga nije bilo. Pre nego što sam počeo da paničim i dižem opštu uzbunu u autu, setih se da sam Gabrijeli dao novčanik na benzinskoj pumpi. Tog trenutka kao da je neko skinuo ogroman teret sa mojih grudi. Neverovatno je kako jedna mala stvar kao što je novčanik može da izazove toliki teret. Izdahnuh duboko vazduh koji sam prethodno duboko udahnuo, i pružajući ruku prema Gabrijeli izgovorih:

"Vadi novčanik da platimo ulaz."

Gabrijela poče da kopa po torbi, što je bila standardna procedura kada bi joj se bilo šta tražilo, a nalazilo bi se u njenom posedu. Inače, mislim da su ženske torbe uporište najvećeg broja predmeta na svetu. Šta sve tu može da stane; od šminke, ključeva, odledalaca, punjača za telefon, pa sve do novčanika kog sam tog trenutka čekao. Moja desna ruka je i dalje bila otvorena i uperena ka njoj, dok sam levom spuštao prozor kola. Bili smo sledeći u redu ispred naplatne rampe za ulazak u turistički centar, stoga nam se radnik iz kućice za kupovinu karata ljubazno obratio:

"Dobar dan, dobro došli!", pružajući ruku ka meni, očekivajući da i ja pružim svoju, sa parama, ali umesto ispružene ruke, ja sam takođe ljubaznim tonom uzvratio:

"Samo sekund, da nađemo novčanik."

Gabrijela je već uveliko istresla torbu u svoje krilo, pogledom i dalje pretraživajući... ali uzalud. Bilo je očigledno da se novčanik nije nalazio u kolima. Red kola iza nas bivao sve veći, a radnik u kućici sve nestrpljiviji. Ubrzo su počele da se čuju sirene nervoznih vozača i morali smo da se pokrenemo što pre kako bismo oslobodili ulaz u centar. Pošto unazad nismo mogli, zamolili smo radnika iz kućice da podigne rampu kako bismo se okrenuli i uputili u potragu za našim novcem, ličnom kartom, vozačkom dozvolom i svim ostalim što smo izgubili.

Ušli smo i izašli iz turističkog centra, na radost mnogobrojnih vozača koji su već bili formirali poveću kolonu iza nas. Po izlasku na put smo stali i još jednom detaljno pregledali kola i džepove, ali od novčanika nije bilo ni traga; bilo je jasno da smo ga ispustili negde usput. Taj osećaj, kada shvatiš da se Marfijev zakon još jednom aplicirao na tvoj život, ali ovaj put kao nikada do sada i u najtežim obliku, je do te mere poražavajuć da ti ne da da ražmišljas racionalno i u skladu sa situacijom. Kroz moju glavu je prolazilo milion gluposti koje ni malo nisu pomagale se iskobeljamo iz ove, do sad najozbiljnije situacije. Jedna od mnogobrojnih gluposti koja mi se javljala u mislima, a nimalo nije pomagala rešenju ovog fijaska koji nam se desio, je rečenica koju sam pročitao u knjizi gore pomenutog "naučnika" :"Zašto hleb uvek pada na namazanu stranu?", a onda i prekor sebe kud sam uopšte i uzimao ovu knjigu u ruke, gomila glupih depresivnosti koje samo komplikuju život koji je već sam po sebi komplikovan i surov, kao da bilo kome treba priručnik kako da oteža sebi već težak život. Ali, pošto je postalo vrlo evidentno da mi filozofsko razmišljanje o Marfiju neće pomoći ni u kom slučaju, kao i da se dotični sigurno neće pojaviti sa nekim efikasnim i racionalnim rešenjem kako bi nas spasio, otrgao sam se svojim kretenskim mislima, i počeo da sagledavam situaciju iz drugog, svrsishodnijeg ugla. Odjednom su počele da mi naviru korisna pitanja :"Gde smo poslednji put koristili novčanik? Koliko goriva imamo? Možemo li da se vratimo nazad kod Vajfertovih? Gde je najbliža policijska stanica? Da li da prvo prijavimo nestanak novčanika ili probamo sami da ga nađemo, pre nego odemo u stanicu?". Stvari su počele polako da se kristalizuju u mojoj glavi, ali to nije menjalo poražavajuće osećanje u meni ni za jedan promil, i činjenicu da smo gubitkom novčanika izgubili sve što nas je činilo postojećima na ovoj planeti. Unutra smo, pored novca koji je bio neizbežan za naše biti sanje, pogotovo u stranoj državi (drugom kontinentu), imali još i moju vozačku dozvolu, što me je ovim gubitkom automatski učinilo nepodobnim za vožnju. Takođe, naše lične karte, kreditne kartice, zdravstvene knjižice... Sve je to nestalo zajedno sa našim zajedničkim novčanikom, i učinilo nas ravne beskućnicima, bez krova nad glavom i bilo koje druge civilizacijske pogodnosti. Jedina razlika, u poređenju sa beskućnicima, koja je nama išla u prilog, bila je ta što smo mi ipak imali auto. Do duše, u onoj blamantnoj situaciji na pumpi smo sipali goriva za svega tri sata vožnje, a bili smo udaljeni četiri sata od Vajfertovih, tako da nam čak ni to nije mnogo išlo na ruku. U prilog beskućicima u odnosu na nas, išlo je to što su oni uglavnom u velikim gradovima, okruženi ljudima, dok smo mi bili u šumi i vrlo limitirani da se obratimo bilo kome za pomoć. Policijska stanica je bila ko zna gde, turisti koji su krenuli da obiđu Maunt Rašmor nisu bili preterano raspoloženi za razgovor sa nama, a radnik na rampi je bio previše zauzet naplaćivanjem karti, tako da mu nismo bili u fokusu. Morali smo sami da pronađemo izlaz iz novonastalog problema. Upalio sam auto i počeo da vozim.

Dok je Gabrijela ridala na suvozačevom mestu, ja sam se poput Luisa Hamiltona spuštao niz planinu, ustremljen ka lokaciji na kojoj smo poslednji put koristili novac- benzinskoj pumpi. Put koji je trajao sat i po vremena od pumpe do Maunt Rašmora, u suprotnom smeru je trajao jedva pedesetak minuta. Moje vozačke sposobnosti naglo su porasle, a znakovi pored puta koje sam uredno do tada pratio, ovaj put kao da je neko uklonio sa puta, bar ih ja nisam primećivao, već sam poput reli vozača sekao krivine, ubrzavao do maksimuma na svakoj pravini, a potom pritiskao kočnicu pred krivinu ne bih li iskontrolisao automobil i ostao u traci, pa bih posle krivine opet ubrzavao koliko god sam mogao, i tako sve do pumpe. O tome koliko je ta moja vožnja bila opasna, priznajem da nisam ni razmišljao, valjda sam se već osećao dovoljno mrtav, bez ijednog jedinog dokumenta koji bi mogao da potvrdi da sam ja ja, bez ijednog resursa koji bi mi omogućio da se prehranim to veče, i bez načina da doprem dalje od famozne benzinske pumpe. Ukratko rečeno, nestao sam sa lica zemlje u jednom jedinom potezu. Nisam razmišljao ni o potencijalnoj mogućnosti da naletim na policijsku patrolu, koja bi me sigurno zaustavila i sankcionisala; da smo ukrstili puteve, sigurno se ne bi dobro završilo. Mada, sa druge strane, policija bi nam dala krov nad glavom u policijskoj stanici... ali ne verujem da bi bili presrećni mojom vožnjom. Nije mi padao na pamet ni jelen koji je preskočio kolovoz kada smo se peli uz planinu, iako je ponovni susret sa njim ili nekim drugim pripadnikom njegove vrste bio vrlo moguć. Da se desio drugi susret, sigurno ne bi bio tako idiličan kao prvi put.

Takvo ponašanje u kome ja ne odmeravam rizik, meni nikako nije bilo sklono, ali je verovatno prouzrokovano traumatičnom situacijom u kojoj sam se našao. Kao jedina slamka spasa da se vratimo u svet civilizacije i birokratije, bila je nada da je novčanik ispao na pumpi i da ga niko nije pokupio; ili da je bar ostavio dokumenta ako je uzeo pare.

Zato sam, vozeći kao ludak, imao samo jedan jedini cilj ispred sebe, da tamo stignem što pre.

Osim blagih psihičkih, stigli smo na pumpu bez ikakvih drugih posledica. Već po dolasku, i pre nego što smo izašli iz kola, počeli smo da gledamo unaokolo po pumpi ne bi li uočili novčanik. Gabrijela je izašla koji sekund pre mene, i doviknuvši mi:

"Ti pogledaj napolju, ja ću unutra.", otrčala u prodavnicu pumpe. Ugasio sam auto, izašao iz kola, i brzim hodom počeo da prolazim oko točilica za gorivo sa pogledom na dole. Zatim sam podigao glavu, počevši da pretražujem gornje delove točilica, u nadi da smo možda spustili novčanik na neku od njih. Pošto nisam uočio ništa što bi bar zaličilo na traženi predmet, ušao sam u prodavnicu za Gabrijelom. Unutra sam zatekao Gabrijelu kako se već uveliko raspravlja sa prodavačicom, koja je gajila sličan odevni stil kao bajker koji nas je naučio da sipamo gorivo. Masne, plave kose, sa žvakom u ustima i izbledelim tetovažama po rukama, obučena u teksas farmerke navučene preko pupka i upasanu majicu kompanije za koju je radila, prodavačica je naslonjena na aparat za kafu, totalno nezainteresovano odgovarala na Gabrijelina pitanja. Pošto sam neko vreme proveo napolju, nisam prisustvovao početku razgovora, ali mi je Gabrijela na brzinu objasnila o čemu se radilo. Naime, Gabrijela ju je po ulasku u prodavnicu pitala da li je možda našla izgubljeni novčanik na pumpi ili oko nje, a prodavačica je rekla da ona nije, ali da zna ko jeste. Potom je nastavila kako je pre dvadesetak minuta bila žena sa našim novčanikom, te da je poručila vlasnicima, to jest nama, da će nam ostaviti poruku na Fejsbuku pa da se putem te društvene mreže dogovorimo oko primopredaje. U trenutku mi je laknulo, jer je ovo odavalo utisak da je kraj ove užasne situacije blizu. Trebalo je samo konektovati telefon na internet, ući na Fejsbuk i dogovoriti se sa poštenom nalazačicom. Međutim, naši telefoni sa srpskim karticama unutra nisu posedovali internet, tako da smo bili prinuđeni da koristimo Wifi (internet) prodavnice. Ali, letargična i sušena prodavačica je kategorički odbijala da nam da šifru za internet kako bismo se ulogovali. Očigledno nesvesna ozbiljnosti situacije, tvrdila je da je to strogo protiv pravila kompanije za koju je radila, i da može da upadne u ozbiljne probleme ako joj šefica sazna da je dala nekom šifru.

"Ženo, jel ti razumeš da smo mi izgubili sve vredno što smo imali, i koliki je naš problem?! Pa mi se nećemo više nikad vraćati ovde, niko neće znati da si nam dala šifru, molim te!", uzaludno je objašnjavala Gabrijela, dok je prodavačica melanholično odbijala svaku mogućnost da rizikuje svoj posao zbog nas.

"Razumem da ste u problemu, ali meni stvarno ne pada napamet da dovedem sebe u nezgodnu situaciju zbog vas. Na kraju krajeva, žena koja je našla vaš novčanik je u lošim odnosima sa mnom, i mogla bi da me oda kod šefice, jer ona samo čeka priliku kako bi mi napakostila.", pravdala se ona i dalje naslonjena na aparat za kafu, i totalno skretajući sa teme, počela da nam prepričava kada i kako su se to njih dve zavadile:

"Ona misli da ja ne znam šta je pričala o meni na proslavi prošle nedelje, ali imam ja svoje ljude! Oni su mi sve preneli, i neće joj proći to što je zamislila! Pa nisam ja glupa da ne vidim da ona zbog tog jednog sukoba oko mesta za parking želi meni sve najgore, i da bi jedva dočekala da me oda kod šefice za ovako nešto! E ja joj neću dati tu priliku! Neće moći... ", pričala bi ona još ko zna koliko da je Gabrijela nije prekinula:

"Aman ženo, nama se život raspada, a ti mi pričaš o mestu za parking i o tvojoj glupavoj svađi sa komšinicom!? Da si stvarno dobar čovek, ti bi nama pomogla, a ne bi se krila iza tih glupavih izgovora!", urlala je Gabrijela na nju, dok su joj suze punile oči.

"Pa ja da mogu ja bih pomogla! Da nisu ovakve okolnosti!", malo se trgla iz melanholije, očigledno pogođena onim što joj je Gabrijela rekla.

"Ja jesam dobar čovek!", konačno se ispravila prodavačica, i odvojila od kafe-aparata.

"Evo, vi mi recite kako bih ja mogla vama da pomognem da ne upadnem u problem?", upita ona, ovaj put spustivši laktove na pult pored kase, konačno se konačno se zainteresovala za naš problem.

"Ma ti nisi normal..." krenula je Gabrijela žustro da odgovori ovoj, očigledno nesigurnoj i nesnađenoj osobi, ali sam je ja prekinuo, uočivši šansu da ipak preokrenemo stvari na našu vodenicu:

" Pa eto, ako si dobar čovek, bar okreni šeficu, objasni joj da smo izgubili novčanik sa svim novcem i dokumentima, da smo stranci na proputovanju u Americi, i da ćemo biti u ogromnim problemima ako ne povratimo novčanik, i pitaj je da učini izuzetak i dozvoli ti da podeliš internet sa nama. Ako si dobar čovek... ne dozvoli da spavamo na parkingu ove pumpe večeras... veruj mi, ako nam ne pomogneš, sutra ujutru, kad dođeš na posao, ćeš nas naći ovde ispred pumpe." Tu sam sam završio dramskom, filmskom pauzom, koja pali samo u američkim filmovima, i falila je samo neka muzika u pozadini da ovaj moj teatralni govor bude potpun. Ali očigledno da teatralnost nije palila samo u američkim filmovima, već i u stvarnom životu u Americi. Prodavačica se raznežila i uzela telefon u ruku, stidljivo izgovoreći:

"Pa, to bi mogla da pokušam."

Razgovor je bio kratak i efikasan, pošto je očigledno osoba sa druge strane žice bila dosta razumnija i empatičnija. Kao što smo i očekivali, nakon što je čula našu priču, šefica je odobrila podelu šifre za internet sa nama, i konačno smo mogli da stupimo u kontakt sa poštenim pronalazačem, to jest pronalazačičom.

Nakon samo dvadesetak minuta od poslate poruke na Facebook-u, pojavila se sitna ženica kratke, tamne i vidno sveže ofarbane kose, noseći na glavi savršeno okrugle naočare za vid velike dioptrije, a u rukama naš izgubljeni novčanik. Po ulasku u prodavnicu pratio ju je bucmasti proćelavi čovek sa sedim i urednim brkovima, nešto viši od nje. Bio je to jako ljubazan bračni par u šezdesetim godinama, na čijim licima se moglo videti zadovoljstvo zbog mogućnosti da pomognu strancima u nevolji. Bili su toliko prijatni i dobroćudni, do te mere da nisu hteli ni da čuju ni za kakvu nadoknadu zbog gesta koji su nam učinili... čak su odbili i ponuđeno piće, koje je po mojim shvatanjima bio minimum sa naše strane koji smo mogli ponuditi ovim dobrim ljudima.

Priča koju nam ispričala naša heroina će samo potvrditi o kakvim se ljudima radilo, i kakvu smo ludačku sreću imali da nam se putevi ukrste baš sa njima. Naime, gore pomenuta sitna ženica se vraćala kući nakon uspešno završene radne smene u lokalnom domu zdravlja. Vozeći svoj auto ka svome domu, koji se nalazio par kilometara izvan grada, ugledala je novčanice kako lete po drumu i crnu mrlju tik uz njega. Zahvaljujući jakim, letnjim vrućinama, tamnila mrlja je bila dovoljno vidljiva u žutoj travi pored puta. Ona je zaustavila svoj auto, prišla crnoj mrlji, za koju se ispostavilo da je naš novčanik, potom pokupila sve i jedan dolar koji se viorio putem, ne bi li ih vratila u novčanik (a kasnije nama), a zatim se, kako sama kaže, poput Šerloka Homsa naslonila na svoj auto i počela da razmišlja odkud novčanik na sred puta i daleko bar milju od svake civilizacije. Detektivski nagon joj se znatno povećao kada je ponovo otvorila novčanik i shvatila da se radi o dvoje mladih stranaca, što ju je dovelo do toga da se zapita kuda bi se ti stranci mogli uputiti prolazeći ovim, ne tako popularnim putem. Najbliža turistička atrakcija je difinitivno bio Maunt Rašmor, a na nešto više od jedne milje u suprotnom smeru nalazila se benzinska pumpa. Sve je to ova simpatična ženica spojila kao neku detektivsku puzlu, i nekim čudnim putem došla do poprilično tačne retrospektive događaja. Pošto je zaključila da su se vlasnici izgubljenog novčanika uputili na Maunt Rašmor, takođe je predvidela da su prethodno morali da sipaju gorivo na pumpi, te se uputila tamo ne bi li rekla radnici, sa kojom je u svađi, da je potražimo na Facebook-u.

Kao jedina nedoumica, ostalo je pitanje kako je novčanik, koji bi trebao da bude u mom džepu ili Gabrijelinoj tašni, završio pored puta, usred ničega i milju udaljen od benzinske pumpe. Naša heroina ipak nije imala odgovor na ovu nejasnoću, ali smo ga imali Gabrijela i ja. Usled one blamantne situacije tokom sipanja goriva i otvaranja poklopca na rezervoru, novčanik je ostao tamo gde ga je Gabrijela spustila pre nego što je pokušala da mi pomogne - na krovu automobila. Mada se i dan danas vodi rasprava ko je spustio novčanik, ja sam ubeđen da je to bila ona, jer po nekom logičnom sledu događaja, ona je bila ta koja je nosila novčanik iz prodavnice, i logično bi bilo da ga je spustila na krov pre nego što je pokušala da otvori poklopac na rezervoru. Gabrijela ove moje tvrdnje ne priznaje ni posle toliko godina, i brani se tezom da ga je lično meni dala u ruke, a da sam ga potom ja spustio na krov da bih po ko zna koji put trzao poklopac. Bilo kako bilo, posramljeni činjenicom da smo dve odrasle osobe koje putuju po svetu a ne umeju da sami sipaju gorivo, mi smo brzinom svetlosti uleteli u kola i krenuli put Maunt Rašmora, a novčanik se vozio još neko vreme sa nama, dok ga vetar nije oborio sa krova i ostavio pored puta na milost i nemilost slučajnim prolaznicima sa dobrom moći opažanja. Na našu sreću, nemilost je ovaj put izostala, desila se milost... i mi smo mogli da nastavimo naš pohod na planinu Maunt Rašmor. Naravno, ponovo smo morali da dopunimo gorivo, jer smo ono prethodno već potrošili. Ovaj put smo poklopac otvorili iz prve.

Vožnja do planine, po drugi put, je protekla u tišini. Valjda smo, od sve zbrke koja nam se desila, potrošili svu energiju za taj dan, pa smo poput dva izduvana balona tek s' vremena na vreme ispustili po koji glasan uzdah tokom puta. Dobro se sećam da je prva rečenica koja je izgovorena u kolima bila tek nadomak finalne destinacije:

"Gladna sam.", izgovorila je Gabrijela uz propraćeni, malo pre pomenuti uzdah.

"Staćemo u market pre nego što se popnemo u šumu.", odgovorio sam sa gotovo istom energijom koju sam imao tokom vožnje.

Nakon kupljenih namirnica u marketu, odvezli smo se u šumu, tačnije u kamping centar koji se nalazio otprilike desetak minuta od uklesanih pretsedničkih glava, a koji je bio okružen gustinom šumskih predela. Na sredini kampa nalazilo se jezero za koje ne mogu sa sigurnošću da tvrdim da je bilo prirodno, ali je svako bilo prelepo.

Uzduž obale jezera su se nalazila mesta za kampovanje koja su se iznajmljivala po ulasku u kamping centar, a svako kamping mesto je, pored mesta za šator i automobil ili kamp prikolicu, posedovalo već ugrađen roštilj sa svim potrebnim priborom.

Sunce je odavno zašlo, tako da smo bili primorani da po noći postavljamo naše buduće prenoćište - šator. Ruku na srce, upaljeni farovi na kolima su nam bili od velike pomoći i razbili su totalnu tamu dovoljno da bez većih poteškoća raširimo šator i upalimo vatru za roštilj. Nakon upaljene vatre, svetlo na kolima je delovalo kao čist višak, tako da smo ga isključili i tako dopustili plamenu vatre da zasija u punom sjaju. Iz kola smo izvadili dve stolice na rasklapanje koje su nam Vajfertovi uredno spakovali pre polaska, postavili ih pored vatre koja je kuljala iz ugrađenog roštilja, i u tišini ispijali pivo čekajući da ćumur dovoljno ugreje rešetku kako bi smo ispekli meso. Odjednom se, iz haotične stvorila romantična atmosfera koja se kreirala sama od sebe... noć, vatra pored jezera, dve stolice, dva piva, nas dvoje... šta još čovek može da poželi?! Pa... možda da je malo manje umoran, to jest malo više snage da može da isprati svu tu romantiku. Gabrijela i ja definitivno nismo imali dovoljno elana za ovu romantičnu noć, već smo se odmah po završetku večere spakovali u šator i zaspali u istom minutu.

Ujutru su nas probudile kapi jutarnje kiše, koje su dopirale do nas, što je meni bunovnom u prvi mah bilo neshvatljivo, s obzirom na to da smo bili u šatoru. Međutim, umor je učinio svoje, tako da prethodnu noć nisam ni primetio da sam, dok sam sklapao šator, propustio da zatvorim veliki otvor u vidu prozora, koji se nalazio u samome vrhu našeg trenutnog doma, tako da je kiša kroz njega uspela da nađe put do naših lica.

Naredna tri dana su protekla mirno i delovala su vrlo opuštajuće na nas, bez ikakve tenzije i paničnih misli kako i šta posle. Sve romantične momente koje smo propustili prvo veče nadoknadili smo sledeće dve noći, uz vatru pored jezera, vedro nebo i flašu vina. Delovalo je kao da su nas tog prvog jutra kapi kiše probudile na sedmom nebu, ili bar u nekom drugom univerzumu, koji sa sobom nije nosio probleme koje smo imali na ovozemaljskom svetu. Preko dana bismo obilazili sve ono što je krasilo ovaj divan region, od prirodnih do turističkih lepota... a noću bi se, uz malo pre pomenutu atmosferu, opustili i rezimirali dan koji je već polako prolazio.

Tako smo, na primer, trećeg dana obišli prvu pećinu Južne Dakote u kojoj je pronađeno zlato (bar su nam tako rekli turistički vodiči). Zatim smo u Kistonu, malom gradiću, ili tačnije varošici, mogli da iskusimo kako su ljudi živeli krajem devetnaestog veka; pošto je ceo gradić bio konstruisan u tom maniru. U starinskim salonima (kaubojskim barovima) i buticima kakvi su nekad bili, radili su radnici odevni isključivo u garderobu koja se nekad nosila. Parni voz, takođe iz prošlog veka, vozio je u krug a u turističke svrhe, kroz šumu, potom tunel, preko mostića iznad potoka, ulazeći u grad na staru železničku stanicu ispuštajući huk koji su lokomotive ispustštale u to vreme; na svakih pola sata bila je nova vozna tura. Suvenirnica u kojima su se prodavali magneti i majice sa simbolima Maunt Rašmora, sita koja su se nekad koristila prilikom pretrage reka a u svrhu traženja zlata, kao i mnogi drugi suveniri, bilo je na svakom koraku.

Takođe je u Kistonu velika atrakcija bila predstava izvođena na sred ulice od strane dva kauboja-glumca, koji su na svakih sat vremena zaustavljali saobraćaj ne bi li se "obračunali" u revolveraškom obračunu kakvi su se nekad dešavali baš onako kako su ga oni glumili: okrenuti leđima jedan prema drugom, koračanjem deset koraka u suprotnim pravcima bi izmerili odgovarajuću distancu, a zatim bi se okrenuli jedan ka drugom, i posle kraće dramske pauze, baš kao u Vestern filmovima, zapucali jedan na drugog i napravili spektakularnu predstavu, koja je delovala toliko stvarno da publici (tj. meni) srce zaigra toliko jako kao da je kauboj pogođen pravim metkom, a ne ćorkom.

Tog trećeg dana, zaista je bio divan dan, i bližila se četvrta noć koja je već po proverenom receptu trebala da bude kao prethodne dve. Međutim, svu idilu i romantiku pokvario je jedan poziv koji koji nas je naterao da se spustimo sa sedmog neba i vratimo nazad na zemlju, u realnost. Tek što se smrklo, dok sam ređao drva ispod rešetke za roštilj u nameri da ih zapalim, a Gabrijela prebirala meso po malenom ručnom frižideru, zazvonio je telefon. Bila je to Vanda. Pozvala nas je i, uz sva kurtoazna pitanja kako nam je, jel se provodimo i tako dalje, obavestila nas da nam je organizovala život za narednih sedam dana. Uspeo sam da razmenim par misli sa sobom, uglavnom su sve bile u konotaciji "samo da nije sektarenje, jao samo to ne!", a onda sam se ponovo uključio u razgovor sa pitanjem kako je tačno organizovala naš život.

"Naši prijatelji sutra oko podneva polaze iz Majls Sitija za Ajdaho Fols da posete ćerku, pa smo mislili da krenete sa njima, pošto je to u pravcu koji vam odgovara (pravac za San Dijego). Taman ćete preći oko osamsto kilometara za džabe.", smejala se Vanda u slušalicu, kao da je upravo izrekla najbolju šalu u svom životu.

"Pa dobro, to je u redu, mogli bi da krenemo sa njima... ali gde ćemo spavati kad stignemo tamo!? Nemamo internet u šumi, ne možemo da pogledamo hotele odavde, a sutra ćemo jutro provesti u vožnji za Majls Siti, tako da ni sutra nećemo moći da nađemo smeštaj!", izneo sam svoje opravdane i logične sumnje, a u isto vreme sam opet počeo da komuniciram sam sa sobom, i u sebi: "Samo da nam ne preporuči "crkveni" konak njene crkve, radije ću ostati ovde u šumi!".

"Ma nemojte da brinete ništa, sve sam ja organizovala!", odgovorila je Vanda ponosno i entuzijastično.

"Jao! To je to, sigurno je ovo sve organizovano preko njene crkve! I ti prijatelji, i smeštaj, sve je preko neke sekte! Ko zna šta nas čeka kad dođemo tamo. Mora da je na ovo mislila kada je još onda rekla "da vratimo dug zajednici" zbog spavanja u njihovoj kući! Sad će taj dug biti još veći, za jedno osamsto kilometara! Ufff..." kuljaju moje panične misli dok je Vanda i dalje sa druge strane telefonske linije.

"Šta si sve organizovala? I smeštaj u Ajdaho Folsu?!", trudio sam se da zvučim što pribranije.

"Da, da, i smeštaj sam vam našla! Jel se sećaš tvog bivšeg saigrača Ujzoha Treja?", opet je zvučala vrlo ponosna.

"Naravno da se sećam svog prijatelja! Čak smo se i čuli dok sam bio u Ohaju, rekao mi je da će nas rado ugostiti ako dođemo u Ajdaho.", u blagoj neverici sam odgovarao jer sam naslućivao epilog dalje konverzije.

"E pa ja sam našla njegov broj telefona i pozvala ga danas, rekla sam mu da dolazite sutra, on vas očekuje. A moji prijatelji koji idu sutra za Ajdaho Fols su inače bliski prijatelji njegove bivše hraniteljske porodice iz Majls Sitija, tako da sam lako došla do njegovog broja telefona. Eto, sve sam dogovorila!", nastavila je Vanda da se diči svojim umećem da nas drži što dalje od svoje kuće.

"Dobro je, nije sekta, nisu nikakvi božiji sledbenici, i nije nikakvo otplaćivanje duga, idem kod svog prijatelja, svog veselog nigerijca!", misli su mi se polako vraćale u normalu; moja možda malo preterana unutrašnja reakcija se postepeno stišavala.

"Bilo bi dobro da sutra dođete pre podneva kući, da ostavite kola, uzmete svoje stvari i pređete u Kevinov i Lisin auto."

"Nema problema, bićemo tamo pre podneva.", završio sam kratko.

# Ajdaho Fols

Uprkos planovima koje smo imali za narednih par dana u okolini planine Maunt Rašmor, sledećeg jutra smo već oko osam sati bili na putu ka Majls Sitiju. Podsećanja radi, Gabrijela i ja smo se, još po polasku na kampovanje, složili da se nećemo vraćati dokle god ne budemo smislili adekvatan plan za dalje putovanje, ili bar dokle god ne budemo iscrpeli sva mesta za obilazak i dok nam kampovanje ne dosadi, to jest, da se ni po koju cenu nećemo vratiti u kuću Vajfertovih i postati lak plen Jehovinih, ili nekih drugih svedoka. Definitivno nismo iscrpeli sve turističke resurse koje je pružalo ovo mesto, i ostao je žal za neposećenim rezortom grizlija, vodopadom čijeg imena ne mogu tačno da se setim, kao i za propuštenom šansom da iskusimo spuštanje tobogan-slajdom niz planinu čiji sam naziv takođe zaboravio... Čak i danas osećam taj žal. Ali karte su bile tako promešane da nismo dobili sve štihove na ovom proputovanju, i morali smo da se zadovoljimo kartama koje su nam bile podeljene. U ovom slučaju, glavni krupije (diler) koji mešao i delio karte bila je Vanda, kako nama tako i Kevinu i Lisi, sredovečnom bračnom paru koji će nas voziti sve do Ajdaho Folsa, i koje sam ja poznavao još dok sam studirao na Majls Komjuniti Koledžu, ali vrlo površno, tek toliko da se ne može reći da sam ih znao samo iz viđenja. Bili su to dobri i uvek veseli ljudi koji nisu propuštali ni jednu našu košarkašku utakmicu. Čak i onda kada bi moj tim izgubio, što je u velikoj većini gledalaca budilo razočarenje, tugu, a u pojedinima i ljutnju, Kevin i Lisa bi i dalje ostajali veseli i sa osmehom na licima bi nas ispratili sa terena, uz uvek istu poruku "Glave gore, biće bolje!" koja se uvek i nepogrešivo mogla čuti iz Kevinovih usta dok smo koračali ka svlačionici. Eto, tako sam ih pamtio.

Karte nismo dobili samo mi. Iz istog špila, karte je dobio i Trej, moj saigrač i verovatno najbolji drugar sa koledža koga sam imao tokom boravka u Americi. Reč "verovatno" sam upotrebio svesno, kako ne bih uvredio nekog od mojih drugih prijatelja koje sam stekao u tom periodu. Ali ako se uzme u obzir da sam u Ameriku došao bez gotovo ikakvog znanja engleskog jezika, i bez ikakve ideje kako funkcioniše studiranje i igranje košarke u Sjedinjenim Državama, a da je on bio moja prva i najveća podrška i pomoć od prvog dana, siguran sam da vam je jasno o kakvom se prijatelju radilo. Recimo, tokom putovanja na gostujuće utakmice, naš autobus je stajao bar jedanput kako bismo protegli noge, obavili fiziološke potrebe i kupili hranu za poneti. Uglavnom su to bili restorani brze hrane, picerije, pljeskarnice ili neki drugi Mek Donalds. Ono što je bilo gotovo isto u svakom od njih jeste da se obrok naručivao pojedinačno i da je morao da bude u okviru finansijskog limita, koji bi nam trener uvek i obavezno naglasio pre nego bi ušli u restoran. Pošto bi se moj tadašnji engleski mogao nazvati vrlo skromnim, da ne upotrebim neki drugi izraz, Trej se uvek trudio da stoji u redu iza mene, kako bi pojasnio sve meni nepoznate reči iz menija, pomogavši mi da sklopim rečenicu koja je trebala da predstavlja moju porudžbinu kada dođe moj red, i uvek bi "uleteo" u konverzaciju ako bi se ja upleo u engleske izraze i fraze. Takođe, njegova pomoć oko domaćih zadataka u školi, pranja veša u perionici, zakazivanja stomatoloških pregleda i mnoštvo drugih stvari, nije izostajala, i trajala je taman toliko koliko je meni bila potrebna, dok nisam "stao na svoje noge". Kada sam konačno propričao engleski i ušao u "fazon" sa svime što je moj novi USA život nosio, naše svakodnevno prijateljstvo se svodilo na normalne drugarske razgovore, zajedničke izlaske, međusobno deljenje tajni, i sve drugo što čini jedno prijateljstvo pravim. Jednom mi je ispričao da je i on prošao kroz isti period tranzicije po dolasku iz Lagosa (Nigerije) na koledž, ali da je, za razliku od mog, njegov engleski bio mnogo bolji. Ako izuzmemo engleski, može se reći da smo obojica osetili na svojoj koži isto iskustvo uklapanja u novu sredinu. Siguran sam da smo se zato dobro razumeli, mada opet, smatram da za pravo prijateljstvo je potrebno mnogo više od jednog sličnog iskustva. Pravi prijatelji prihvataju i razlike, koje smo mi imali, čak i mnogo više nego sličnosti...

Do Majls Sitija smo se odvezli totalno drugim putem od onog kojim smo došli na kamp, kako bismo, ako već nismo bili u mogućnosti da posetimo isplanirane destinacije, bar prođemo pored njih i bacimo pogled. Vremenska razlika između dva puta nije bila velika, svega desetak minuta duže nam je trebalo da stignemo do Vandine kuće, a ceo put je uglavnom protekao mirno, u konstantnom smenjivanju tišine i neopterećujućeg razgovora. O tišini ne bih puno trošio reči, zato jeste tišina (bez reči), samo bih naglasio da je to bilo jutro koje je i Gabrijeli i meni počelo bez kafe, tako da je naša tišina bila više nego opravdana, bar do prve benzinske pumpe. Baš na pumpi je bila naša prva pauza za kafu, nakon koje smo malo živnuli, sipali gorivo, i sa nešto više energije, nastavili vožnju. Ovaj put nismo ništa izgubili, čak smo i sami otvorili rezervoar. Pretpostavljam da je kafa učinila da nam se jezici razvežu iz jutarnje mašnice, pa je Gabrijela odmah nakon paljenja automobila prokomentarisala:

"Dobro je da ne moramo da sipamo gorivo na "trkača"", što je meni izmamio osmeh na lice, nakon kog sam se nadovezao:

"Sreća pa ne moramo, mada ti znaš da sam ja profesionalni "trkač"!"

Te dve rečenice su evocirale anedoktu iz prošlosti, kada smo, još kao mlad par, izašli sa dva drugara, jednim mojim a jednim njenim, u želji da se što bolje provedemo i nadoknadimo propušteno vreme provedeno u inostranstvu. Provod je bio toliko dobar da smo sav novac koji smo imali kod sebe potrošili na alkohol, muziku, i naravno, šiš ćevap po izlasku iz noćnog kluba. Potom smo otišli u stan Gabrijelinog druga, koji je svojim poslednjim parama kupio desetak piva, kako bi imao čime da posluži goste (njegove reči). Moj drugar je zaspao čim je dotakao krevet u dnevnoj sobi, a mi smo još neko vreme pevali i pili, dok se konačno nismo i sami umorili i rešili da idemo kući, koja je bila udaljena tridesetak kilometara od naše tadašnje lokacije. Pošto nismo imali para da se odvezemo taksijem ili bilo kojim drugim noćnim prevozom, Gabrijelin drugar nam je ponudio transport u vidu svojih kola, a mi smo, srećni i vrlo pijani, zdušno prihvatili ponudu. Probudili smo mog prijatelja, pokupili sve stvari koje smo doneli, uključujući prazne flaše piva i gitaru koju niko to veče nije svirao ali smo je iz nekog razloga poneli, a potom izašli iz stana i preselili se u plavi Fijat Stilo. Okret ključa u automobilu u cilju paljenja mašine je prelomni momenat koji je učinio da ovo veče ne bude još jedno u nizu regularnih i dobro provedenih noći po beogradskim klubovima, već ga je svrstalo u kategoriju anegdota. Gabrijelin drugar je upalio auto, i, da li zbog promila alkohola u krvi ili zaista tačnom procenom, utvrdio da neće imati dovoljno goriva da nas odveze do kuće i potom se vrati svojoj. Tu sam prvi put čuo frazu:

"Moraćemo na trkača da napunimo gorivo!". Niko od prisutnih sem njega nije znao šta je "trkač".

"Pa u suštini, stvari stoje ovako, neko će izaći iz kola kad stanemo na pumpu i rećiće liku koji puni gorivo za koliko para hoće da mu natoči dok on ode da plati, ali mi nećemo platiti, nego će taj koji izađe iz kola samo ući u prodavnicu i stati na pult, pitati radnicu neko pitanje, na primer, koliko je sati, jel se ovim putem dolazi do Zemuna ili slično, i vratiti se u kola, čisto da radniku koji toči gorivo izgleda kao da je račun plaćen. Dok oni skontaju da mi nismo platili, ja ću lupiti po gasu i nema šanse da nas uhvate.", objašnjavao je Gabrijelinin drugar, dok se moj pospani drugar ubacivao i uveliko pravdao da to nikako ne može biti on, jer je on maneken i prepoznatljivo lice koje se čak četiri puta po sekund pojavilo na televiziji u jednoj reklami za kladionicu. Gabrijela je bila jedino žensko, što ju je automatski isključivalo iz ove akcije, tako da je izbor spao na mene.

Izašavši iz kola, počeo je da me drma adrenalin, pošto nisam nikad bio u ovakvoj vrsti akcije, te sam napravio dva koraka ka radniku pumpe i zaledio se, fokusirano zureći u njega.

"Bato, za koliko ćemo?", upita me radnik sa crevom u ruci.

"Paaa ne znam, nisam ja vozač?", totalno sam se spetljao i izgovorio ovu idiotsku rečenicu, zatim naglo skrenuvši pogled sa radnika i gurajući glavu u auto ka Gabrijelinom drugaru za volanom. On me je sa nevericom pogledao, jer to nije bio dogovor; odmahujući mi rukom, kao da mi je pokazivao da samo izgovorim cifru i odem u prodavnicu... podigao sam glavu, ponovo pogledao u radnika pumpe i rekao:

"Za hiljadu!" izgovorio sam samouvereno, kao da sam tražio pun rezervoar a ne pet do sedam litara goriva!

Ušao sam u prodavnicu, i ponovo zaboravivši uputstva koja su mi predočena pre akcije, napravio sam krug između rafova sa proizvodima, a onda krenuo ka izlaznim vratima, kada sam sa pulta čuo glas prodavačice:

"Izvolite, jel vam treba pomoć?"

Ponovo su kroz mene protutnjali panika i adrenalin:

"Samo razgledam!", uzviknuo sam i ubrzao ka kolima.

Uleteo sam u auto, uljudno se zahvaljujući čoveku koji nam je napunio taman toliko goriva da se svi odvezemo do kuće. Kola su lagano krenula, kao da je u pitanju rutinsko, svakodnevno sipanje goriva, a ne pokušaj krađe. U ogledalu retrovizora sam ugledao prodavačicu koja istrčava iz prodavnice ka radniku na pumpi, ali izgleda da je nisam uočio samo ja, već i naš vozač i "master mind" ove operacije. Gume su zaškripale, i punim gasom smo nestali sa mesta zločina, a slika dvoje radnika sa pumpe u retrovizoru je bila sve manja, dok nije potpuno nestala. Gabrijela i njen drugar su umirali od smeha, a smeh je bio upućen, naravno, meni. Ko još krade gorivo za sedam eura?! Stvarno jeste bilo smešno. Da sam bar rekao dve hiljade dinara, možda bih izbegao ređanje pošalica na moju adresu, tipa "nisi morao da kradeš za hiljadu dinara, trebao si da kažeš petsto!", ili "da je prodavačica znala koliko si goriva ukrao ne bi istrčala iz prodavnice". Ovako sam morao da, svestan svojih loših prevarantskih veština, istrpim sve stojički. Moj drugar nije učestvovao u zbijaju šala na moj račun, jer je bio preokupiran sakrivanjem svog lica gitarom koja je iz nekog razloga i dalje bila među nama.

Ponovno sećanje na ovu anegdotu nam je znatno prekratilo vreme u toku vožnje, čak nam je putovanje ispunilo smehom, a povremene pauze u razgovoru je prekidala Gabrijela, opaskom:" Trkač moj.", što bi svaki put mene navelo da se opravdam za svoj postupak po ko zna koji put, i tako oživim ovu priču iznova i iznova.

Bilo je nešto više od petnaest minuta do podneva, a mi smo uveliko bili parkirani ispred Vandine kuće. Tu ispred kuće, između parkinga i stepenica koje su vodile u kuću, čekali su nas Vajfertovi, hronološki poređani jedno do drugog, sa svim našim prtljagom ispred sebe. Delovali su kao da tako stoje još od sedam ujutru u iščekivanju našeg dolaska, a naš prtljag je izgleda spakovan još prošle noći, odmah posle mog i Vandinog razgovora. Po našem izlasku iz kola, srdačno smo se izgrlili sa svima i preselili se u dvorište pored parkinga, gde smo ispričali Vajfertovima o našim avanturama na Maunt Rašmoru, kao i o dešavanjima koja su se desila na putu do njega. Nedugo zatim su se pojavila nova kola u dvorištu, u kojima su se mogli prepoznati od ranije znani osmesi Kevina i Lise. Belina njihovih očigledno novih veštačkih zuba je isijavala iz šoferke, toliko da se od svog tog sjaja nije moglo videti ništa drugo na njihovim licima. Dobro poznati bračni par u pedesetim godinama je pažljivo parkirao svoj Ševrolet odmah pored Dodža koji smo mi do nedavno vozili, dok smo se mi ponovo relocirali iz dvorišta na parking, ovaj put neravnomerno raspoređeni. Kevin je ugasio mašinu i odmah po izlasku iz kola počeo da se pozdravlja sa svima prisutnima, neskidajući pogled sa mene i uz širok osmeh ponavljao:

"Gde ste svetski putnici!".

Lisa je malo zaostajala za njim pošto je po izlasku iz automobila požurila da otvori zadnja vrata iza nje, iz kojih je iskočio mali, crni, čupavi pas, koji se odmah po otvaranju vrata zatrčao na travnjak Vajfertovih u nameri da obeleži svojom mokraćom svaki pedalj novo-osvojene teritorije. Nije predugo trajalo pozdravljanje i kurtoazno ćaskanje ispred kuće, kada je Kevin povišenim, gotovo uzbuđenim tonom viknuo:

"U redu, vreme je za polazak!", i trljajući dlanove jedan od drugi, nastavio:

"Dajte te torbe, da ih spakujemo pa da krenemo!"

Na moje insistiranje, poneo sam obe torbe ne bi li ih ubacio u gepek, a ostali su ponovo počeli da pozdravljaju jedni sa drugima, ovaj put u svrhu odlaska. Dok sam uspeo da uguram naše dve torbe između ostalih torbi koje su se već nalazile u gepeku, Gabrijela, Kevin, Lisa i pas su već bili u kolima spremni za polazak, a meni je ostalo još samo jedno, finalno grljenje sa Vajfertima pred novih trinaest sati puta. Zahvalio sam se na svemu što učinili za nas, izgrlio prvo decu, zatim Frenku pružio ruku, a onda se okrenuo ka Vandi, koja se uzalud suzdržavala da ne pusti suzu. U tom momentu je kroz mene prošla neopisiva jeza, nešto poput jake emocije koja se rađa usled razdvajanja sa najbližima, ili pak vrlo dragim ljudima, što moram priznati, nisam očekivao od sebe u tom trenutku. Deca su pritrčala Vandi u nameri da je uteše, a ja sam primetio suze iz očiju obe devojčice. Zagrlili smo se svi zajedno, a Vanda je kroz suze prošaputala da joj je jako žao što nismo ostali duže i što su se stvari tako namestile da smo više vremena proveli u šumi nego kod njih kući. Cela ta situacija me je navela da shvatim da su to ipak meni vrlo dragi ljudi, koji su pored svih svojih mana, ili da se drugačije izrazim, načina života koji u velikoj meri ne odgovara mom i Gabrijelinom životu, kada se sve sabere i oduzme, ljudi koji su se nama našli u vrlo teškom periodu života i pomogli na način koji su oni smatrali najboljim u tom trenutku. Naručito saznanje da sam im toliko drag, da zbog mog definitivnog odlaska puste suzu, smekšalo me je i nateralo da ih pamtim po dobru koje su mi činili tokom dve godine mog studiranja, kao i po dobru koje su nam učini na ovom proputovanju, i bez obzira na neslaganja koja smo imali tokom tog dobra, ipak se radilo o dobrim i poštenim, i meni vrlo bliskim ljudima.

Emotivno uzdrman, ušao sam u kola i seo iza Kevinovog sedišta, pod vidnim uticajem na pređašnja dešavanja sa parkinga, što je Gabrijela odmah prepoznala, i pružila ruku ka meni u nameri da me zagrli. Ali na ruku je skočila crna čupava pufna, koja je u prvi mah delovala kao donji deo dimničarske četke. Gabrijela je povukla svoju ruku ka sebi, a ja sam se trgao, i kao da sam stresao sa sebe svoje pređašnje osećaje, pitajući se šta je doletelo iz prednjeg dela automobila. Tada se Kevin okrenuo, i sa toliko širokim osmehom, kao da je želeo da nam pokaže sve i jedan svoj bolesno beli, veštački zub u vilici, rekao:

"Aleks, upoznaj Pabla!", pokazujući na crno pseto između mene i Gabrijele, koje je balilo od uzbuđenja, verovatno prouzrokovano time što se neće voziti sam na zadnjem sedištu. Ne mogu tačno da tvrdim koja je rasa bio Pablo, ali sa sigurnošću mogu da kažem da se nije kupao šest do devet meseci, a možda i duže. Njegove crne dlake bile su ućebane kao kod psa lutalice, a zadah mu je bio nešto prihvatljiviji od mirisa crkotine na putu. Pošto se ipak radilo o miroljubivom psu, pomazio sam ga, ne bi li ga umirio i naveo da konačno sedne i primiri se. Ispostaviće se da je to bila moja velika greška, pošto sam tog trenutka izgubio mogućnost korišćenja desne šake, kontaminirajući je kroz Pablove dlake. Do prve pauze, gde sam oprao ruku, moji prsti su smrdeli na buđavu četku za brisanje raznoraznih podova punu vlage i ko zna kojih još "opojnih mirisa".

Pored propalih, starih viceva koje je Kevin pričao ceo put, vožnju je definitivno obeležio Pablo. Bio je to pas niskog rasta, koji je podsećao na pekinezera po obimu čupavosti, mopsa zbog svoje spljoštene njuške, a boga mi malo i na jazavičara po dužini svog čupavog tela. Nije prošlo dugo da bismo shvatili da Pablo ima veća prava u kolima od nas. Pored svog zadnjeg, srednjeg sedišta koje mu je po prirodi pripadalo, Pablo je imao mogućnost šetnja u kolima sve do prednjeg dela automobila, koji su mu omogućili Kevin i Lisa. Oni su, popunivši prazninu za noge ispod srednjeg zadnjeg sedišta raznoraznim jastucima i ćebićima, napravili "mostić" kojim se Pablo kretao kad god bi mu se javila želja, sve do menjača i nazad. Ali Pablu to nije bilo dovoljno, pa bi s vremena na vreme skočio u Gabrijelino ili moje krilo, ne bi li bacio pogled na dešavanja pored puta. Bilo je trenutaka kada sam imao neopisivu želju da ga uhvatim za grivu i zakucam za srednje sedište između mene i Gabrijele, čak sam razmišljao o tome da kad jednom sedne u sredinu, uhvatim pseto i držim ga kako ne bi više ustajao i balio svuda po nama, ali bio je toliko smrdljiv da nisam mogao da rizikujem kontaminaciju obe svoje ruke, jer u slučaju da posle tog gesta poželim da obrišem nos ili se dodirnem po licu... ne želim ni da razmišljam kakve bi posledice to imalo. Prema tome, zaključio sam da moram istrpeti ovu pseću torturu do Ajdaho Folsa.

Bilo je i prijatnih momenata na ovom putovanju. Posle nešto više od četiri sata, Pablo je zaspao i primirio se, a mi smo se navikli na njegovu aromu. Kevinu se smanjila lista poznatih ili loših viceva, pa je više vremena provodio prisećajući se onog koji mu je promakao sa liste, nego pričajući ih. Lisa je pričala o svojoj sestri, rodbini, komšinicama, ne obazirući se da li je iko sluša ili ne, već sam imao utisak kao da priča sama sebi i da nema problem sa tim, dok smo mi gledali kroz prozor i posmatrali prirodu koja se pružala svuda oko nas, i koju je samo Montana mogla da ponudi na ovom kontinentu.

U Ajdaho Fols smo stigli kasno uveče, jedan sat iza ponoći. Kevin, Lisa i Pablo su nas ostavili u klasičnom američkom naselju, u kom svaka kuća izgleda gotovo identično, sa istom ogradicom oko travnjaka jednake veličine, koju je na sredini presecala kamena staza koja je vodila do vrata kuće. Meni se na prvi pogled činilo sve vrlo uređeno, ili što bi naši stariji rekli "po JUS-u"; iako smo se nalazili u Americi, mislim da je "po JUS-u" adekvatan izraz za ovo naselje. Dok sam mahao našim prevoznicima koji su odlazili dalje svojim putem, prošla mi je kroz glavu misao kako je vrlo nezgodno napiti se u nekom izlasku ako ste stanovnik ovog naselja. Razlog za ovu moju tezu je vrlo jasan: pijan pogoditi kuću u sredini u kojoj barem sto kuća izgleda identično, od ograde, travnjaka, boje fasade, pa sve do šahti na ulici, ivičnjaka, drvoreda... meni je to delovalo kao ozbiljan problem. Jedino što je falilo ovom uređenom mestu jeste ulično svetlo, koje je iz nekog razloga nedostajalo, ali je to samo još više potkrepljivalo ovu moju tezu o nezgodnom pijanstvu, jer uz sve poteškoće koje pijana osoba ima da pogodi put do kuće, smanjena vidljivost na ulicama je zasigurno u vrhu te liste poteškoća. Kao da su arhitekte i inženjeri ovog naselja namenski konstruisali sredinu za trezvenjake, u kojoj kuća može da se potrefi samo ako se vraćaš iz bioskopa, marketa, sa posla... ali nikako iz kafane. Dok sam ja, držeći obe putne torbe, gledao ka zadnjim farovima kola u kojima sam upravo proveo trinaest sati, kako se udaljavaju od nas, razmišljajući o životnim nepodobnostima ovog kraja, Gabrijela je gledala ka kući ispred koje smo stajali, propinjajući se na prste, kao da će tako videti bolje da li smo zapravo na pravoj lokaciji. Zapazivši to, bilo mi je simpatično i pomalo smešno u isto vreme, pošto Gabrijela nikad nije videla Treja uživo, tako da njeno nesvesno propinjanje i virkanje kroz prozor nije imalo nikakvog efekta, jer sasvim sigurno ne bi prepoznala Treja čak i da ga je spazila u kući. Začula se škripa vrata, a odmah potom se pojavila velika, crna i meni dobro poznata silueta na njima. Takođe od ranije poznati glas začuo se iz mraka kako izgovara moje prezime sa pogrešnim akcentom, na koji sam ja već bio navikao:

"Jagodić! Jagodić!", ponavljao je Ujzoho moje prezime tečno ga izgovarajući, u žargonu sportskih komentatora, koji uzbuđeno naglašavaju ime strelca vrlo važnog pogotka. Valjda mu je to ostalo urezano u sećanje iz vremena dok smo zajedno igrali za isti koledž.

"Ujzoho! Gde si bre čoveče!? Kako si? Dobro mi izgledaš! Hvala što si nas primio!", izdeklamovao sam salvu rečenica u jednom dahu od silnog uzbuđenja, a i umor je činio svoje, tako da u nedostatku koncentracije nisam sačekao odgovor ni na jedno pitanje, već sam nastavio:

"Ovo je Gabrijela."

"Čuvena Gabrijela! Koliko sam samo slušao o tebi dok smo studirali. Drago mi je da se konačno upoznajemo uživo.", uljudno se pozdravio Ujzoho, iako je u prvi mah krenuo da odgovori na sva moja pitanja, ipak se zadržao na mojoj poslednjoj rečenici.

"Nije da se totalno ne poznajemo, ipak sam ja učestvovao u mnogim pozivima između vas dvoje, ali uživo je ipak uživo. Još si lepša nego u virtuelnom svetu. Jesu li sve srpkinje ovako lepe ili si ti izuzetak?", bacao je komplimente ispred Gabrijele, sa sve osmehom na licu, vidno srećan što je u prilici da nas ugosti. Ponoć je uveliko prošla, a mi smo stajali ispred njegove kuće u mrklom mraku, i jedino što se moglo jasno videti su bili njegovi beli zubi koji su se sijali posle svakog komplimenta i izgovorene rečenice, i koji su, za razliku od Kevinovih, bili prirodni.

"Ujzoho, predlažem da nas uvedeš u kuću i tamo nastaviš hvaljenje moje žene, a ja ću hvaliti tvoju, obećavam.", našalio sam se ne bi li nas konačno pustio u kuću da se raskomotimo, što je moj dobri nigerijac uvek prihvatao na ispravan način sa velikom salvom smeha.

"Može, može, nema problema, mada mislim da ću smanjiti deljenje komplimenata kad uđemo u kuću.", ponovo se nasmejavši sam na svoju šalu, nastavio:" Oh, čoveče, odvikao sam se od imena Ujzoho, jedino me ti i roditelji tako zovete."

"Ne mogu da te zovem Trej, kako da zovem..." nisam stigao da završim rečenicu koju je on čuo mnogo puta dok smo bili kolege na koledžu i saigrači u košarkaškoj ekipi:

"Znam, znam, ne možeš prijatelja da zoveš po prezimenu. To smo odavno prošli. Za mnom, da vam pokažem kuću."

Ušli smo u veliki dnevni boravak pravo sa ulaznih vrata, koji je u jednom prostoru sadržao veliki kauč i dve fotelje ispred televizora na levoj strani prostorije, trpezarijski astal za ručavanje u suprotnom uglu, i kuhinju sa skroz desne strane. Pored trpezarijskog stola stajala je žena prosečne visine i nad prosečne kilaže sa bebom u rukama, obučena u haljinu za koju jasno ne bih mogao da tvrdim da je bila spavaćica ili jednini tip odeće koji je žena ispred nas mogla da obuče. Bilo je očigledno da se ispred nas nalazila Trejeva supruga i njihovo trinaestomesečno detete u njenom naručju.

Obavezan na davanje komplimenata Ujzohovoj "lepšoj polovini", dok sam prilazeći pružao ruku, počeo sam da je panično skeniram od glave do nožnih prstiju, pa sve do glave ponovo. Ali osim nožnih, roze izlakiranih prstiju koji su virili ispod spavaćice, i glave, ništa drugo se nije moglo videti, osećao sam se kao da gledam u kacu kupusa obavijenu roze tkaninom, iz koje izvire glava sa crvenom kosom paž frizure i neravno ošišanim šiškama. Tada mi se iznenada vratilo saznanje sa koledža koje sam totalno bio zaboravio: Ujzoho voli gojazne žene! I ja sam to pouzdano znao, čak mi je jednom prilikom pričao da je u Africi gojazna žena simbol zdravlja i imućnosti, da kuća koja ima gojaznu ženu predstavlja stabilan dom, kuću koju krasi mnoštvo dece i hrane u izobilju. Dakle, sve je imalo smisla, i moje iznenađenje ni malo nije bilo na mestu. Bez obzira na to što je Ujzoho izgledao kao visočija verzija Veslija Snajpsa iz filma Blejd, i što sam pre ovog susreta njegovu suprugu zamišljao kao nekog ko bi, recimo, podsećao na Hali Beri, iz bilo kog njenog filma (možda Ket Vumen), mogao sam da predvidim da će njegova izabranica biti nešto krupnija verzija Melise Mekartni s početka glumačke karijere.

Prišao sam i pružio ruku kako bih se predstavio, izgovorio svoje ime, a zatim se okrenuo ka Treju, ne bi li se revanširao za upućene komplimente upućene Gabrijeli od ranije.

"Opa, Ujzoho, svaka čast, našao si ženu po meri, sad vidim zašto si toliko naviknut na davanje komlimenata!", malo se preznojavam, osećam da počinjem da crvenim u licu, a celu situaciju totalno nesvesno vadi Ujzoho, koga je moj kompliment nasmejao skoro do suza.

"Hvala, prijatelju moj, kompimenti su obavezni ako želiš da zadržiš ovako lepe žene.", grlio me je jednom rukom dok je drugom slao imaginarne poljupce ka svojoj supruzi, a ona me je i dalje gledala ispod oka, sa blagim smeškom koji se mogao protumačiti: vidi ove smotane varalice kako se upetljao. Kao da je uživala u tom trenutku moje nespretnosti.

"Znamo mi žene kad smo lepe. Drago mi je, ja sam Kiki, dobro došli, osećajte se kao u svojoj kući.", i dalje se držimo za ruku, mlatarujući gore-dole, i dalje se gledamo oči u oči, ona se i dalje smeška, a ja sam verovatno i dalje crveneo. Dok smo se nas dvoje tako odmeravali pogledima, imeđu nas dvoje preprecila se Gabrijela, koja je, spustivši torbu koju je nosila, krenula pravo ka bebi koju je Kiki cupkala u drugoj ruci. To je isforsiralo prekid našeg rukovanja i izbacilo mene iz prve linije fokusa, a kao nova sfera interesa pojavila se Tari, malo tamnoputo bebče. "Jao, pa kako je slatka, vidi ti nju što ona voli goste, kako sam ja lepa, Bože, Bože!", tepala je Gabrijela, a Tari odgovarala mumlanjem, balavljenjem i mahanjem ručicama ka njoj smejući se.

Smestili smo se u dnevni boravk na velikoj ugaonoj garnituri preko puta televizora, Ujzoho je pustio pregled odigranih NBA utakmica na ESPN-u, na stolu su bile raznorazne grickalice i sokovi raznoraznih vrsta, a mi smo ćaskali, prvo neformalno o našem putu i događajima koji su se desili u prethodnim danima, a posle formalno, o tome kako ćemo funkcionisati u narednim danima u njihovoj kući. Prva stvar oko koje smo se dogovorili bila je da Gabrijela i ja čuvamo Tari dok su njih dvoje na poslu. Njima je to bilo od velike koristi, pošto su u tom slučaju mogli da otkažu bejbisiterku na sedam dana, koliko smo se dogovorili da budemo kod njih, iako su oni insistirali da ostanemo koliko god nam se ostaje. Takođe, Kiki je iz našeg neformalnog razgovora i priče iz Ohaja primetila da nam i dalje treba auto za nastavak puta, pa je tako u formalnom delu iznela plan kako da konačno dođemo do kola. Da budem iskren, bio sam vrlo iznenađen brzinom i načinom na koji Kiki misli, zvučalo je kao nešto što bi pre izašlo iz mog zemunskog mozga, nego iz njenog prefinjenog "američkog"... bilo je očigledno da sam loše procenio Kiki na prvi pogled, pošto su svi sledeći pogledi otkrivali mnogo više o njoj... Da se vratim na plan. Kiki je predložila da, pošto ćemo svakako provesti u Ajdaho Folsu sedam dana, već sutra odemo do banke i otvorimo lokalni račun, kako bismo mogli da konačno iznajmimo kola sa US platnom karticom (podsećanja radi, u Ohaju nam nisu prihvatili naše "lažne" evropske kartice). Sedam dana je bilo dovoljno vremena za proceduru dobijanja US kartice, a to bi ujedno značilo rešenje svih naših daljih muka oko putovanja. Kada čovek ima automobil, može se reći da ima i krov nad glavom. Nije to isti krov nad glavom kao kućni krov, ali u ovoj situaciji je bio možda čak i bolji od kućnog, jer je mali, kompaktan, i što je bilo najbitnije od svega, bio je pokretan. Iznajmljivanjem kola, mogli bismo da se krećemo u pravcu koji želimo, tempom kojim želimo, i da spavamo gde želimo. Pa i ako ne nađemo prenoćište u toku noći, uvek možemo da se ušuškamo na spuštena sedišta i odmorimo, ne brinući o tome da li ćemo pokisnuti, izgubiti prtljag ili o nekoj trećoj nezgodi koja bi mogla da se desi ako spavate na ulici i otvorenom nebu. Prema tome, Kikin plan je jednoglasno usvojen, i sproveden sutradan u ranim jutarnjim časovima. Kad kažem ranim jutarnjim časovima, mislim na devet sati ujutru, pošto je banka tada počinjala sa radom, a i Gabrijela i ja nismo baš jutarnji tipovi, tako da mi se ovaj izraz totalno uklapa u prepričavanje ovog događaja.

Račun u banci je otvoren istog jutra, tako da smo na isti momentalno stavili većinu keša koji smo zaradili radeći na kampu, a koji smo sve vreme našeg putovanja nosili u koverti sa sobom, premeštajuci ga iz torbe u ranac, iz ranca u unutrašnji džep jakne, i sve tako u krug. Jedina stvar koja nije mogla biti realizovana odmah bila je platna kartica, na čiju izradu se čekalo pet do sedam dana, tako da smo u nadi da će kartica biti gotova najdalje za sedam, koliko dana nam je ostalo u ovom malom gradiću, odmah po završenom poslu otišli kući, i bacili se naš novi posao- bejbisitiranje male Tari.

Slagao bih kada bih rekao da mi je čuvanje male bebe teško palo. Tačnije govoreći, nisam je ni osetio. Još preciznije govoreći, Gabrijela je radila ceo posao oko Tari, od presvlačenja pelena, hranjenja, uspavljivanja, do ponovnog prevlačenja, hranjenja i uspavljivanja. Ja sam se povremeno igrao sa njom, ali tek toliko dok se mala Tari ne umori, eventualno ispovraća od mog silnog truckanja i bacakanja gore-dole, i dok se konačno ne komira padajući instant u rem fazu sna. Bilo mi je neverovatno koliko je ovo dete moglo da spava, nikad nisam video nešto slično; mada ruku na srce, nikad se nisam ni bavio bebama do tada, tako da njeno višečasovno spavanje koje nije mogao da omete ni glasan televizor, ni buka sa ulice, možda i ne bi bio neki fenomen drugim ljudima koliki je meni bio.

Narednih sedam dana su bili verovatno najopušteniji dani na našem putovanju, kako pre tako i posle Ajdaha. Taj period je izgledao tačno onako kako je trebao, kao poseta prijatelja prijatelju posle dugo godina. Prisećanje na prošla vremena dok smo zajedno studirali i igrali košarku, na mnogobrojne anegdote, na bivše saigrače, odlasci u restorane, obližnje grada, igranje društvenih igara u večernjim časovima ili gledanje filmova uz obilje grickalica... čak nam se posrećilo da zajedno iskusimo totalno pomračenje sunca, drugog dana nakon dolaska u Ajdaho Fols, oko jedanaest sati izjutra, ako me sećanje dobro služi. U dvorištu Ujzohovih, sa 3D naočarama, nas četvoro, to jest petoro ako računamo i malu Tari koja je bila prekrivena ćebetom u kolicima, zurili smo u nebo i čekali da se mesec potpuno ispreči između sunca i zemlje. Bio je to izvanredan doživljaj, koji niko od nas nije doživeo pre.

Sedmi dan samo dobili informaciju od radnice u banci da nam kartica još nije gotova, i da će biti potrebno još nekoliko dana, tako da su naši dani opuštenosti bili gotovi, a dani planiranja dan-za-dan su se vratili na velika vrata. Da frustracija bude veća pobrinula se upravo radnica banke, na čiji smo samouveren savet, prvog dana kada smo otvarali račun, Trejevima rekli da ćemo ostati tačno sedam dana jer imamo pouzdanu informaciju da će kartica stići čak i ranije, tako da su oni za sedmi dan uveče isplanirali put sa Kikinim prijateljima sa posla, već bukirali hotelske sobe, spakovali torbe i čekali kao zapete puške da se mi vratimo iz banke sa karticom. Pošto se to nije desilo, morali smo da brzo mislimo i potražimo drugo rešenje. Kao i prvog dana, Kiki je opet iznela najlogičniji plan, koji je ponovo jednoglasno usvojen. Plan je glasio ovako: pošto smo u odeljku adresa, dok smo popunjavali formular za otvaranje računa i dobijanja platne kartice, stavili adresu Trejevih, kartica bi trebala da stigne na njihovu adresu u narednim danima, a oni bi nam je poslali gde god bi se mi nalazili u tom trenutku.

Iako smo proveli prelep period, Ajdaho nam je ipak bio mali, i iskreno već malo dosadio posle jedne nedelje. Zato smo odlučili da kupimo avionske karte za Las Vegas, da tamo primimo dugo iščekivanu karticu, kao i da konačno iznajmimo auto u gradu kocke, bluda i provoda, kada budemo iz njega odlazili. Vegas je definitivno zvučao mnogo uzbudljivije od Ajdo Folsa.

# Las Vegas

Odmah posle ručka, bacili smo se na pakovanje. Tačnije, ja sam se odmah bacio na pakovanje, a Gabrijela na bukiranje avionskih karata i traženje jeftinog, a opet pristojnog smeštaja u Vegasu. Da postoji svetsko prvenstvo u pronalaženju informacija na internetu, Gabrijela bi verovatno bila višegodišnji svetski prvak; toliko je bila dobra u tome. Pošto je sa lakoćom našla pristupačne avionske karte Ajdaho Fols- Las Vegas za isto veče, pronašla je web-sajt koji u ponudi ima vrlo jeftine hotelske aranžmane, sa jednom malom začkoljicom. U ponudi su bili hoteli širom Amerike, barem pedeset posto ispod realne cene prenoćišta, ali je potencijalni gost mogao da vidi samo broj zvezdica hotela, recenzije prethodnih gostiju, i okvirno područje gde se hotel nalazi, ali ne i slike sobe, ime hotela i tačnu lokaciju. Poslednje tri stavke bi gost saznao tek nakon bukiranja i plaćanja smeštaja. S' obzirom da smo se uputili u grad kocke, ovo je bilo naše prvo iskušavanje sreće, koje smo sa uzbuđenjem prihvatili.

Gabrijela je kliknula dugme "prihvati rezervaciju", na ekranu se pojavilo ime hotela sa slikama i lokacijom. Kao udareni elektro-šokom, skočili smo sa sofe urlajući kao deca kad im neko iznenada pokloni najnoviji X-Box. U pitanju je bio Plaza Hotel i Kazino, jedan od najprestižnijih hotela u Nevadi, mesto na kome su snimljene neke od najlegendarnijih kockarskih, gansterskih, pa i drugih filmova. Da se odmah razumemo, Gabrijela i ja nismo u fazonu luksuza i snobizma, i ti urlici nisu bili namenjeni direktno hotelu Plaza. Više su to bili urlici olakšanja jer smo izbegli neku rupčagu na kraju grada, neko mračno kriminalno okruženje, i svakodnevno putovanje do glavnih atrakcija grada. Urlici su bili odraz sreće, našoj prvoj kockarskoj pobedi, i činjenici da nam lokacija omogućava da i narednih sedam dana funkcionišemo bez kola, jer smo bili u centru svih dešavanja u Vegasu.

Pakovao sam stvari u torbu, fokusirajući se da dobro urolam i poređam garderobu, dok je Trej sedeo na krevetu pored mene. Bez obzira koliko stvari nosim, to uvek radim, može se reći da mi je rolanje garderobe profesionalna deformacija, nastala, pretpostavljam, usled čestog pakovanja i putovanja. Dok sam čvrsto pritiskao majicu kako bih je što više sabio, osetio sam nagli umor i graške znoja na čelu i brkovima. Majica koja mi se zadesila u rukama kao da mi se opirala u pokušaju da je urolam, što nije bio slučaj sa prethodnim majicama. Trej, kao da je primetio moje uzaludne napore da srolam još jedan komad odeće u nizu, predlozi pauzu za kafu, i ja je prihvatih bez razmišljanja. Dok smo čekali da voda prokuva, zabavljala nas je Tari u svojim pokušajima da izgovori moje ime, i da na tečnom srpskom izgovori "baci pet". Posle par minuta voda je prokuvala, kafa je skuvana, a Tari je nastavila da izvodi svoj englesko-srpski performans ispred nas, mumlajući pesmice na engleskom koje je znala od ranije, a ubacujući poneku srpsku reč koju je od nas naučila prethodnih sedam dana, kao što je recimo "bravo Tari".

Bili su to poslednji sati u kući Ujzohovih, protekli u smehu i dobroj atmosferi, i fantazijama kako ćemo se i kada opet videti. Uglavnom su preovladavale maštarije o njihovom dolasku u Srbiju, poseti Evropi, nalaženju u Parizu, Rimu, ili nekom drugom njima poznatom evropskom gradu itd. Do današnjeg dana ni jedna od tada pomenutih fantazija se nije ostvarila, i to je bilo naše poslednje viđanje; Kiki i Tari smo poslednji put videli tog dana, na njihovom kućnom pragu dok su nas ispraćali, dok smo se Trejem oprostili nešto kasnije na parkingu aerodroma, pošto nas je odvezao na let.

Na ulasku u aerodrom, mene opet prođe jeza kroz kičmu, kaplje znoja se opet pojaviše na mome čelu, i osetih nagli potrebu da sednem. Na moju žalost, stigli smo tačno na čekiranje za let, te nismo imali vremena za predah. Zato sam odlučio da ignorišem svoje trenutno fizičko stanje i stanem u red sa ostalim putnicima. Osećao sam lagani pritisak u glavi i bol u očima, pogotovo ako bi ih mrdao gore-dole, levo-desno, što sam ja neprestano radio kako bih se uverio da je bol postojan. Gabrijeli nisam ništa govorio do ulaska na terminal i čekiranja torbi. To mi se u tom trenutku činilo kao ispravna ideja, ali me Gabrijela vrlo brzo uveri da sam ispao glup jer joj nisam rekao ranije. Na terminalu lokalnog aerodroma nije bilo ničega osim dva toaleta, jednog muškog, jednog ženskog, tako da sam svojom glupošću propustio priliku da u apoteci, koja je ostala izvan terminala, kupim neki lek kako bi mi pomogao da prebrodim let koji nas čekao. U ovom slučaju, znali smo da sam loše, ali nismo imali pojma koliko. Nekako smo zajedno došli do zaključka da su mala deca puna virusa, i da to mora biti oproštajni poklon od Tari, meni, koji se inače retko razboljevam. Jedina srećna okolnost je bila kratak let do Las Vegsa, tako da smo se uzdali u to da ćemo za nekih dva sata, odmah po sletanju, potražiti apoteku i nakljukati me lekovima. Let je već kasnio petnaestak minuta, ali svakog časa smo očekivali ukrcavanje.

ČETIRI SATA KASNIJE, sedeo sam mrtav bolestan na istoj klupici, na istom terminalu, na istom lokalnom aerodromu Ajdaho Folsa! Što bi se kod nas reklo: ista meta, isto odstojanje. Let je kasnio više od četiri sata, ja sam, kako bi se takođe kod nas popularno reklo, kljucao glavom gore-dole pokušavajući da uhvatim prihvatljiv položaj za dremku, dok je Gabrijela jurila po terminalu, u potrazi, prvo za toplomerom, kako bismo ustanovili koliko sam blizu smrti, a potom za antibiotikom, i telefonom, pošto su naši srpski telefoni bili neuporedivi. Toplomer smo brzo našli među putnicima, i mojih 38 stepeni celzijusa nas nisu puno iznenadili; osećao sam se mnogo gore, a po Gabrijelinim rečima sam i izgledao. Od potrage za antibiotikom smo brzo odustali, jer smo brzo shvatili da nam je telefon bio mnogo potrebniji. Nekako smo morali da javimo hotelu da ćemo kasniti kako ne bismo izgubili rezervaciju i ostali na ulici po sletanju u Vegas. Tu se prvi put suočavamo sa negativnim čarima "američkog gostoprimstva", i sa nečim što, garantujem životom, ne bi moglo da se desi u Srbiji ni na jednom javnom mestu, a pogotovo u zatvorenom terminalu. Niko od prisutnih koga je Gabrijela zamolila, prethodno objasnivši situaciju u kojoj smo se našli, nije želeo da joj pozajmi telefon i dozvoli jedan poziv. Izgovora je bilo raznih, ali suština je bila ista: Neš zvati, ne dam! I sada bih ja još pričao o svojim lošim saputnicima koji nemaju ni trunku empatije, i koji nisu želeli da pomognu stranicma u nevolji, kao da smo im bubreg tražili, a ne jedan jednominutni poziv sa njihovog telefona... ali nas je univerzum pogledao u odsudnom času, tako da ću se radije fokusirati na prepričavanje tog, slobodno mogu reći, još jednog filmskog momenta. Nakon što je ispitala sve putnike, Gabrijela se okrenula ka ispitivanju zaposlenih na aerodromu, u istoj misiji: pozajmiti telefon. Jedan od zaposlenih koji je radio na štandu za ukrcavanje putnika, je u prvi mah odbio da nam pomogne, ali je potom ugledao pasoš u Gabrijelinim rukama, i iznenada promenio mišljenje. U daljem razgovoru sa njom, otkrio joj je da je on zaljubljenik u Srbiju i srpsku istoriju, da aktivno prati dešavanja u Srbiji, iako nikad nije bio ni blizu naše domovine. Ja sam, čuvši od Gabrijele za ovaj neobičan splet okolnosti, kao svaki pošten muž, bio uveren da se radi o, žagonski rečeno, klasičnoj žvaci za muvanje stranih državljanki, ali kad sam čuo da zna o Miloševiću, Koštunici, Tadiću (bivšim predsednicima naše države), Gavrilu Principu, pa i o nekim ranijim istorijskim događajima, koje Amerikanac zaista može da zna samo ako je totalno zaluđen Srbijom, poverovao sam mu da je pre srboljub nego švaler. Doduše, nisam baš bio u stanju da ustanem sa klupe terminala, odem do njega i lično se uverim u njegovo znanje i zaljubljenost prema Srbiji, ali bilo kako bilo, čovek nam je dao telefon, Gabrijela je uspela da nam sačuva rezervaciju hotela Plaza, i ova drama se završila dobro po nas.

Posle nešto više od četiri sata, konačno smo se ukrcali u avion koji nas je vrlo brzo prevezao do Las Vegasa. Po sletanju na aerodrom, momentalno smo uzeli taksi, koji nas je odrao (u finansijskom smislu). Čak je i za standarde grada greha bilo preskupo, ali nismo imali izbora s obzirom na moje trenutno fizičko stanje, sa ove distance, verujem da bi mu platili još više, samo da se dovezemo do hotela. Srećom po nas, taksista nije ulazio u diskusiju sa nama, što, imam utisak, velika većina svih taksista na svetu obožava i ima tendenciju da radi; vožnja je protekla bez razgovora, a u pozadini se mogao čuti Džejms Braun u izvedbi svojih najpopularnijih hitova. Gabrijela je gledala kroz prozor sedeći pored mene, u jednoj ruci držeći telefon i povremeno proveravajući nešto, verovatno rezervaciju hotela i njegovu adresu, dok je druga ruka povremeno završavala na mom čelu, (sasvim sigurno) proveravajući koliko sam vruć. Meni je jedna ruka služila kao stalak za glavu, tako što sam je učvrstio između vrata i tela, udenuo lakat na unutrašnju ručku vrata automobila, a dlan okrenuo ka bradi, te istu naslonio u njega. Druga ruka je bila tu pored, totalno opuštena, da je neko mogao da je vidi sa određene distance uveren sam da bi mu delovala kao oduzeta, ali prosto je to bio položaj koji mi je najviše prijao u tom stanju. Na pola kapaka sam gledao svetlucave zgrade koje smo prolazili, i lagao bih kada bih rekao da uzbuđenje nije poraslo, jedva sam čekao da se fizički osposobim i iskusim sve čari Vegasa... Dobro, ne baš sve čari, samo one kockarske. Druge "čari", poput konzumacije opojnih droga, prodavačica ljubavi i striptizeta... to ću ostaviti vama da prosudite da li sam preskočio jer sam bio sa Gabrijelom, bolestan, ili nisam taj tip.

Naredna tri dana, svetlucave zgrade, poneki raskošni vatromet, euforičnu atmosferu ljudi na ulicama, sve sam to video sa prozora hotelske sobe, i to samo onda kada bih se uputio do kupatila ili da Gabrijeli otključam vrata kada bi zaboravila ključ. Bio sam vezan za krevet, nakljukan antibioticima, nestrpljivo čekajući da temperatura, koja se šetala od 37,6 do 38,5, konačno spadne. Četvrtog dana, i to se desilo; temperatura je spala noć pre, a ujutru sam bio, pa ne mogu baš reći kao nov, ali spreman da izađem iz sobe, i najzad prošetam ulicama Vegasa. Neću puno opisivati ovaj grad, ako vam je do toga, pročitajte neki turistički vodič, pretražite po internetu ili nešto treće. Dovoljno je da znate da je ovaj grad bio moćan, svetlucav, sa dešavanjima svih dvadeset i četiri sata dnevno. U njemu postoje dve bitne ulice po mom mišljenju. To su Strip i Fremont. Tu su se odvijala sva bitna dešavanja u ovom gradu. Naš hotel se nalazio na početku jedne, a na kraju druge ulice, tako da je naša pozicija bila perfektna da obiđemo sve što nas je zanimalo. Nakon par sati, naš obilazak uglavnom prestižnih hotela, se završio, što nas odvelo do druge velike atrakcije: kockarnice. Bile su na svakom koraku, u pravom smislu te reči. Bilo ih je duž cele Fermont ulice, jedna do druge, u svim sporednim ulicama, pa i u prizemlju svakog boljeg hotela. Pre ulaska u jednu od njih, otišao sam do bankomata kojih takođe bilo mnogo, i podigao trista dolara. A da, zaboravio sam da pomenem, dok sam bolestan ležao u sobi, Kiki nam je poslala karticu koja je bila gotova dan nakon našeg odlaska iz Ajdaha.

"Ovih trista dolara su za kockanje, samo za kockanje, jel važi? Ako danas potrošimo svih trista dolara, nećemo se više kockati, ako ih potrošimo sutra, to je to, OK? Ove pare su samo za zabavu, da se opustimo malo.", objašnjavao sam Gabrijeli, koja se nikad pre nije kockala.

"U redu srce, kako ti hoćeš, meni to ionako ne izgleda preterano zanimljivo.", ravnodušno je mi odgovorila Gabrijela, koju zaista kocka nije interesovala, za razliku od mene, umerenog, kontrolisanog, ali pasioniranog kockara. Dobro, možda sam sebe opisao malo glupo i nejasno, pa cu se potruditi da pojasnim. Prvi put sam se oprobao u kocki, ili ako baš tačno hoćete, u klađenju na sportske utakmice, kada sam imao 13 godina. Moji drugari iz škole i ja bismo čuvali jedan deo para od užine, od ponedeljka do petka, kako bi u petak pre škole sastavili tiket, svratili do kladionice, odigrali svako svoj tiket (iako je klađenje maloletnika bilo nelegalno, ali eto, u Srbiji je bilo kao "dobar dan" ući u kladionicu sa trinaest godina i položiti opkladu), a onda vikendom pratili utakmice na koje smo uložili pare, nervirali se, radovali, tugovali, i uglavnom gubili. U nedelju, kada bi većina nas, kako smo popularno zvali, popadala tikete, zaklinjali smo se kako nikada više nećemo kročiti u kladionicu, da ćemo pare ubuduće trošiti na nešto pametnije, sportom se baviti samo onda kada ga sami igramo itd... a onda bismo sledećeg petka sve opet ponovili. Sve je to slično izgledalo i za vreme srednjoškolskih dana, mada smo imali nešto više para jer su nam roditelji davali malo veće džeparce, pa su i naši ulozi bili veći. Ja lično nisam nikad imao petlje da pozajmim novac kako bih se kockao, ali se u društvu i to dešavalo, da neko pozajmi, izgubi pare, ne može da vrati, pa se sve na kraju završi razbijenom arkadom, slomljenom rukom, ili nekim drugim delom tela, dok bi novac na kraju uvek morao da se vrati, a vrlo često i mnogo veća suma od pozajmljene. Što se mene tiče, uvek sam igrao samo sa novcem kog sam bio spreman da se odreknem; tako je i danas. A na kockanje gledam kao na razonodu, vid zabave, ali sa druge strane, ne mogu da poreknem da me facniniraju ljudi koji su prokljuvili sistem verovatnoće, koji su u stanju da zarade pare kockajući se. Čak mi je i omiljena knjiga Kockar od Dostojevskog, iako slavni junak te priče ne prolazi baš tako slavno u njoj. Sada kada znate ove "male tajne" o meni, siguran sam da vas ne čudi moja prevelika želja da se konačno odvojim od kreveta i sednem za kockarski sto. Za mene je Vegas bio nešto poput ostvarenja dečake iluzije... ne usuđujem se da kažem sna, jer ipak sa ove distance shvatam da bi to bila prejaka reč.

Sledeća četiri dana smo uglavnom proveli na ruletu. Poslednje veče pre odlaska iz Las Vegasa sam pogledao u pregradu u kojoj je stajao novac za kockanje. U njoj se nalazilo trista trideset dolara; trideset više od sume koju sam podigao sa bankomata. Mene je to izuzetno obradovalo, jer smo, pored kockanja, iz te pregrade trošili pare za sve druge potrebe tokom ta četiri dana, i opet je bilo više od prvobitne šume koju smo tog dana podigli. To je značilo da smo se četiri puna dana kockali, jeli i pili po restoranima, na ulici kupovali suvenire, radili portrete u vidu karikature kod uličnih umetnika, i još mnogo drugih interesantnih stvari, a sve je to bilo plaćeno od novca dobijenog na ruletu. Čak se i Gabrijela, posle par odigranih dobitnih kombinacija, zarazila ruletom i ovim načinom zarade. Po povratku iz kockarnice u hotelsku sobu, dovoljno je bilo da se pogledamo, i opet bismo nekako u roku od deset do petnaest minuta završili iznad zelene čoje ređajući čipove po brojevima ili crnoj, to jest crvenoj boji. Za nju je to bilo potpuno novo iskustvo, dok je mene radovalo uverenje da sam konačno provalio sistem, da sam skontao kako stvari funkcionišu, te i da nikada više neću izgubiti. Jer, ta četiri dana su bila upravo takva, kao iz bajke. Sistem koji smo igrali zaista, po svim teorijama verovatnoće i matematike, nema ni jednu jedinu manu. Kako bismo utrostručili dobitak, kladili smo se na prvih dvanaest brojeva u krugu ruleta (od trideset i šest, plus nula). Ako bi kuglica pala na jedan od prvih dvanaest brojeva, mi bismo dobili tri puta veću sumu od one koju smo uplatili, a ako bismo izgubili, opet bismo ponovili opkladu (prvih dvanaest brojeva), dok bi ja brzo sračunao za koliko treba podići ulog da bismo pri sledećem klađenju opet bili u dobitku. Uglavnom smo počinjali sa pet dolara, pa opet pet, jer bismo u slučaju dobitka dobili petnaest, što je opet više od ukupno deset uloženih... pa deset, potom petnaest, i sve tako dok ne pogodimo tražene brojeve. A onda bi se opet vraćali na pet dolara. I tako bismo igrali sve dok ne bismo zaradili dovoljno novca za ručak ili neki drugi, unapred zacrtani trošak. Po dobijanju nama prihvatljive sume, izlazili bismo iz kockarnice uzbuđeni kao klinci koji su upravo prepisali pismeni zadatak za pet. Potom bi uglavnom usledila klopa, pivo, šetanje po Fermont ulici, komentarisanje golih žena prekrivenih samo bojom koje su nudile svoje usluge (slikanje sa njima za pare), pa i muškaraca koji su takođe šetali samo u tangama, i drugih koji su izvodili različite performanse za novac, od slikanja, pevanja, do mađioničarskih trikova, glumljenja nepomičnih statua itd. Sve bi to trajalo najviše sat vremena, a onda bi usledio gore pomenuti pogled, i jedno od nas bi se obratilo ovom drugom sa karakterističnim smeškom na licu:

”Hoćemo li opet na rulet?“, dok bi ovo drugo odgovorilo:

”Opet?! Stvarno nismo normalni! Ajmo!“, sa identičnim smeškom.

Sada, pošto znate malo više i o ta protekla četiri dana, možda ćete me malo manje osuđivati jer sam i to poslednje veče, nakon što sam ugledao trista trideset dolara u pregradi, predložio da odemo još jedan, poslednji put na rulet. Ali ovaj put sa drugačijim ciljem. Da uzmemo bar par hiljada dolara. Moja logika u tom trenutku je bila sledeća: mi smo se od ovih para već oprostili, namenili smo ih kockanju, živeli smo četiri dana faktički za džabe, neće nam ništa promeniti život tih trista dolara, idemo na sve ili ništa, i još drugih kockarskih floskula koje su mom pomućenom umu tada totalno imale smisla. Gabrijelin pomućen um se momentalno složi, i za deset minuta smo se zatekli za ruletskim stolom hotela Plaza. U prvom mahu, išlo nam je savim dobro, da ne kažem odlično. Naša zarada je porasla na pet stotina i nešto dolara, što nikad ranije nije bilo slučaj; uglavnom smo podizali novac posle dobijenih stotinak dolara. Ali ne i ovaj put. Naš cilj je bio par hiljada! Trebalo je istrajati, sačekati da kuglica padne na prvih dvanaest brojeva, i ta istrajnost nas je dovela do sume koju nikad nismo do tad zaradili od jednom: nešto više od šesto dolara. Sa poslednjim dobitkom smo se vratili na pet dolara uloga, a činjenica da je profit rastao, delovala je na nas vrlo uzbuđujuće. Sećam se da smo u jednom trenutku počeli da komentarišemo između sebe kako smo toliko dobri u ovome, da ćemo nastaviti da se kockamo u Beogradu po dolasku u Srbiju. Toliko smo se samouvereno osećali, da je čak i Gabrijela, koja je bila kockar tek četiri dana, počela naglas da razmišlja hoćemo li u Beogradu ići u Grand Kazino ili neki manji na Zelenom Vencu, ili možda u nekom drugom gradu u Srbiji imaju bolje kockarnice. U tim trenucima, mozak kao da totalno drugačije funkcioniše, sve što radi osoba koja sedi za kockarskim stolom u tom momentu savršeno ima smisla, od sujevernih rituala, tipa stavljanja čipova uvek istom rukom, ili pogleda u vis pre davanja uloga u svrhu prizivanja svevišnjih sila u pomoć, do maštarija kako potrošiti unapred već zarađeni novac. Nisam stručan da bih mogao da tvrdim sa sigurnošću, ali to je definitivno neka vrsta pomućenog stanja svesti.

A onda, kako to obično biva, kao u lošim filmovima, desio nagli obrt situacije, koji nam je "pomogao" da se vratimo iz tog pomućenog stanja svesti (ili koje je već bilo) u ovo drugo koje bi se moglo nazvati stanje kristalne, ili čiste svesti, stanje otrežnjenja, spuštanja na zemlju... Kako god nazvali to drugo stanje, svaki naziv je nosio istu poruku i prouzrokovao isti osećaj u oboje, do pre petnaest minuta, perspektivnih kockara.

Kuglica je promašila prvih dvanaest brojeva jedanaest puta za redom! Gabrijela i ja smo izgubili sve pare, i one iz pregrade sa kojima smo počeli kockanje, i one koje smo zaradili te večeri. Bio je to hladan tuš koji nas je polio i srušio bajku građenu puna četiri dana; "Dvoje mladih na proputovanju kroz Ameriku spoznaju svoj nikad otkriveni talenat - kockanje, a posle Amerike uspešno haraju evropskim kazinima...", tako bi verovatno pisao početak sinopsisa te naše bajke. Umesto toga, usledio je šok i neverica, i nas dvoje gotovo u isto vreme i istom brzinom, sinhronizovano, krenusmo da ustajemo sa stolica, sa identičnim izrazom na licu, spuštenih obrva, oborednih usana i sa pogledom na dole. Osećao sam kao da svi ljudi za stolom, i oni oko njega, gledaju u nas, iako danas znam da je to za Vegas smešna para koju smo mi tamo ostavili, tada mi se činilo kao da su nam magareće uši naglo izrasle, a da sam umesto govora počeo da njačem; osetio sam se kao magarac.

Dok smo stajali iznad ruleta, i još procesuirali u glavi da smo izgubili skoro sedamsto dolara, krupije je zavrteo rulet, i započeo novu turu klađenja ovaj put bez nas. Posle nešto više od desetak sekundi, kuglica se zaustavila; "Crno, jedanaest!", viknuo krupije! Dvanaesti put, onda kada mi nismo imali šta da stavimo na zelenu čoju, došao je naš broj! Koja ironija!

Put do sobe, koji je inače kratak, ovoga puta je delovao kao večnost posle onakvog, sa naše strane gledišta, epskog poraza. Nikad do tad nisam izgubio toliko para. Hodali smo hodnikom hotela, ne progovarajući jedno sa drugim, podizajući noge taman toliko da ne zapnemo o pod. Kada smo konačno stigli u sobu, ja sam prišao krevetu, i samo se pustio, onako, sve u patikama, a sila zemljine teže je uradila svoje i jednostavno nas spojila (mene i krevet), dok se Gabrijela pravo s vrata uputila u kupatilo. Dok sam, licem zabijen u jastuk, vrteo film prošlih dešavanja u glavi, i pokušavao sebe da ubedim da je tako moralo da se završi, i da je bolje što se to desilo sada kada nam novac nije bio toliko potreban, i da se svaka škola života ipak plaća.. iz kupatila sam čuo vodu sa česme koja je udarala u lavabo. Bila je to Gabrijela, koja je svoj šok sa lica odlučila da spere hladnom vodom, a uporedo sa šokom se skidala i šminka sa njenog lica, taman pred odlazak na spavanje. Pored zvuka vode, čula se još i muzika sa ulica, sa propratnim žamorom, bio je petak. Treći zvuk koji se čuo bio je Gabrijelin glas, koja se već posle prvog umivanja oporavila od njenog prvog kockarskog gubitka.

"Kocaru, spremaj se za krevet, i spremaj se da me konačno voziš sutra.", dobacivala mi je iz kupatila još skidajući šminku iznad lavaboa, aludirajući na to da ćemo sutra konačno iznajmiti kola, i rano ujutru krenuti ka San Dijegu. Još neko vreme sam ležao sa glavom uronjenom u jastuk, a onda sam ustao, izuo patike pored kreveta, i počeo da se spremam za spavanje. Sutra nas je čekalo drugo uzbuđenje, tako da je ovo pređašnje polako bledelo, dok se na kraju totalno nije izgubilo u diskusiji i planovima za buduće dane.

# Barstov

Sledećeg jutra smo se odjavili iz hotela Plaza i otišli da iznajmimo automobil. Ovaj put je sve prošlo bez problema, imali smo svu potrebnu dokumentaciju. Brzo sam izabrao najjeftiniju mašinu, ispotpisivao hrpu dosadnih papira koje mi je devojka za pultom za iznajmljivanje kola gurala pod ruku, kako bih što pre završio sve formalnosti i konačno seo u auto. Ubrzo nam je dat automobil marke Reno, i "road trip" je mogao da počne. Uputili smo se u grad po imenu Barstov, pošto smo dan pre bukirali dve noći u tom mestu. Kad kažem 'mi', mislim Gabrijela. Ona je ponovo na onom istom web-sajtu pronašla jeftin smeštaj u ovom gradu koji smo prethodno guglali, jer ni ona ni ja nismo ništa znali o njemu. To je bio nezanimljiv, mali gradić, koji nije davao baš ni jedan jedini razlog da ga neko poseti. Dosadan, bez mnogo dešavanja, tipičan, kao uostalom i sva mala mesta u sred ničega. Ali razlog zašto smo se odlučili da ostanemo dva dana u jednom takvom beživotnom mestu je bio čisto finansijske prirode. Hoteli u San Dijegu su vikendom bili toliko skupi da, sve i da smo osvojili novac one kobne noći u Las Vegasu, verovatno bismo opet učinili isto. Ideja da preskočimo vikend u San Dijegu je bila pametna, i Gabrijelina, ali i mali predah posle Vegasa, jer par dosadnih dana bez turbulencija i peripetija je godio oboma.

Barstov je bio udaljen svega dva sata vožnje od nas, što je značilo da nam je ovo bilo najkraće od svih putovanja do tada. Prema tome, razloga za žurbu nije bilo, vozio sam lagano prateći mapu koja mi je pokazivala izlaz iz grada greha, dok je Gabrijela kliktala dugmiće na kontrolnoj tabli, malo one koji određuju temperaturu u kolima, malo one koji menjaju muzičke stanice.

Iznenada je pored nas, u zaustavnoj traci, protutnjao automobil bele boje. Toliko je brzo prošao da nisam stigao da vidim marku kola, jedino boju.

“Jel si videla budalu?! “, obratio sam se Gabrijeli, koja je i dalje tipkala dugmiće po kontrolnoj tabli u nedoumici da li želi da nam klima duva u noge, glavu ili iz šofer-šajbne.

“Koju budalu? Gde?”, upita me ona i naglo podiže glavu, okretajući je svuda unaokolo, u želji da vidi budalu. Ali auto je već odmakao.

“Nisi videla? Nema veze.”, promrmljam još pospan i mrzovoljan da objašnjavam. A onda, ne znam zašto, ipak promenim mišljenje.

“Malo pre je proleteo neki idiot pored nas u zaustavnoj traci.”

“Bože, kakva budala, pa zašto vozi u zaustavnoj traci, nije tolika gužva?!”, zapita se Gabrijela, a onda vrati glavu u prethodni položaj nadole, i nastavi da klikće po dugmićima. Ne više od minut nakon što se ona vratila na svoju prvobitnu zanimaciju, iza nas se pojaviše rotaciona svetla, signalizirajući mi da oslobodim voznu traku i pomerim se u levo. Ja se, što je brže bilo moguće, prestrojim ulevo, a policijski automobil prolete pored nas još brže nego što je malo pre to učinio beli auto.

“Policija.”, konstatujem ja i dalje pospan.

“Gde?“, Gabrijela ponovo podiže glavu.

“Malo pre su prošli. Verovatno jure onaj auto.”, objašnjavam šturo.

“Koji auto?”, gleda u mene, ovaj put nespuštajući glavu.

“Onaj beli!”, počinjem da se nerviram.

“Koji beli?”, ne kapira i dalje.

“Onaj... Onaj što je... prošao... Ma nije bitno, zaboravi!”, odustajem i prekidam, jer smo i ona i ja ujutru užasni u vođenju konverzije, bar do druge kafe. A pre polaska smo popili tek prvu, i to vrlo malu kafu; tako reći kaficu. U mom slučaju, moj mozak ujutru savršeno radi, kad se probudim ja, probudi se i on, ali se to ne bi moglo reći i za moj jezik. Kad ustanem, totalno sam funkcionalan da radim bilo koji fizički ili misaoni posao, ali ne i da pričam. Kao u ovom slučaju; moj mozak je sastavio rečenicu:

“Vidi evo policija mi signalizira da se pomerim, verovatno jure onaj beli auto što je prošao u zaustavnoj traci pre minut.”, ali je moj jezik od cele rečenice preneo:

“Policija.”.

U Gabrijelinom slučaju nisam tačno siguran kako stvari stoje, ali sa sigurnošću tvrdim da ni ona ne funkcioniše ujutru. Zato prvih sat vremena, u normalnim okolnostima, ujutru sedimo svako na svom delu kauča, pijemo kafu, čačkamo svako svoj telefon, i ne komuniciramo. Tek posle sat vremena, kada jedno od nas dvoje predloži drugu kafu, a ovo drugo se složi, razgovor počne.

Par kilometara posle, sa desne strane puta, na žutoj taravi izgoreloj od sunca, nalazio se beli auto marke ševrolet, prevrnut na krov, razbijenih prozora, ulubljen sa svih strana. Stotinak metara od auta su ležala dva mladića crne puti sa rukama na leđima vezanim u lisice, a oko njih je poređano stajalo nekoliko policajca. Policijski auto se nalazio otprilike između belog ševroleta i okupljenih.

Kolona vozila je usporavala, kako bi svako ko je prolazio mogao da baci pogled na trenutni prizor. To je globalni fenomen po mom mišljenju, dešava se svuda i u svakoj zemlji, bez obzira na kulturu i novo civizacije. Kada god je neka saobraćajna nezgoda, koliko god da je gadno i nepodnošljivo za gledati, pa i ako baš hoćete i nepotrebno, svaki pojedinac koji se nađe u blizini zastane, uspori, kako bi što duže gledao i zgražavao se nad tom nesrećom. Pa čak sam i ja, prolazeći pored ove nesvakidašnje scene bacio pogled (iako sam se trudio da ne usporim svoju vožnju).

“Evo. Beli Auto.”, gledam pravo ispred sebe dok glavom signaliziram na prevrnuta kola.

“Aaa. Da.”, Gabrijela prati pogledom situaciju pored puta i dodaje:
”I policija.”

“Mhm.”, potvrdno sam promumlao i dalje gledajući u kolovoz.

Kada smo izašli iz grada, stali smo na prvu benzinsku pumpu; vreme za drugu kafu je odavno prošlo, a naša pospanost nije prolazila.

Nismo sipali gorivo jer je svaki tek iznajmljeni auto uvek pun do vrha (što ja nisam do tad nisam znao), i vozač je dužan da ga takvog vrati u centar za izdavanje kola. Uzeli smo samo kafu, flašicu vode i nešto grickalica, te smo se brzinski vratili u auto i nastavili put. Već po osećaju mirisa kafe, pospanost je počela da prolazi, a po prvim gutljajima je totalno nestala. Prema tome, i naša konverzija je znatno napredovala, tako da je vreme do Barstova brzo proteklo. Uglavnom je tema razgovora bila inspirisana policijskom poterom koju smo videli tog jutra.

"Šta misliš, zašto su jurili onu dvojicu?", upita me Gabrijela sa nogama podignutim na šoferku, grickajući čips.

"Ne znam, može biti mnogo toga.", levom rukom držim volan dok desnom pokušavam da gurnem ruku u kesu sa čipsom.

"Znam da može, ali šta ti misliš?", upita me polu-punih usta, i gledajući kroz prozor ne primećuje moju desnu ruku koja nikako da pronađe otvor kese sa čipsom.

"Pa ne znam, možda su opljačkali nešto. Ili su dileri droge, ko će to znati.", odgovaram, ovoga puta preživajići i ja čips koji sam konačno uspeo da "ulovim".

"Pa policija će znati. ", smeška se ona i dalje u istom položaju. "Ali baš, dileri droge?! Ne verujem da je nešto tako opasno. Nisu mi delovali tako."

"Ma šta ti je, možda su neki sitni dileri, ne piše svakom dileru na čelu čime se bavi.", otresam sa svog krila ostatke čipsa, pa nastavljam:

"Evo na primer Mare, onaj što je išao sa mnom u osnovnu školu, on je diler, a nikad ne bi rekla jel da?!", izgovaram ovo i krajičkom oka gledam njenu reakciju.

"Zezaš?!", iskolačenih očiju gleda u mene dok i dalje zvaće čips, neobazirući se što i njoj ostatci hrane padaju po butinama.

"Da, da... on.", klimam glavom, "A nikad ne bi rekla jel da?".

"Uopšte ne liči kao neko ko se bavi kriminalom... mada liči na neku vrstu vucibatine... ali diler... ", zamisli se ona i vrati pogled na prozor.

"A kako znaš da je diler?", vrati pogled na mene.

"Pa pre nego što smo krenuli za Ameriku ga je uhapsila policija sa rancem punim marihuane. Rekao mi je neko, ali sam zaboravio ko.", vešto krijem svoj izvor, mada ne znam ni sam zašto, obično joj sve pričam.

"Kako su ga uhapsili kad smo ga videli dva dana pre putovanja u Ameriku?!".

"E pa to je jedna vrlo interesantna priča. Hoćeš da je čuješ? "

"Hoću, baš me zanima. ", Gabrijela konačno spusti noge sa šoferke, prekrsti ih u sedištu, formirajući takozvani turski sed, i kao malo dete pred priču za spavanje, usmeri svu svoju pažnju ka meni.

"Ovako... on je nosio taj ranac sa marihuanom, i zaustavila ga je policija. Kada su mu našli drogu, pitali su ga kome je nosi, on je odgovorio "sebi". Posle par šamara su ga opet pitali, on im opet kaže da je to marihuana za njega, za ličnu upotrebu, i da nije diler. Po našem zakonu imaš pravo nekoliko grama da nosiš sa sobom za ličnu upotrebu, ali ne ceo ranac. U tom slučaju ti pišu kaznu kao, recimo za parking. Onda su mu tražili da im objasni ako je za njega, zašto ima toliko marihuane. On im kaže da mu je to za ceo mesec, i kako je imao veliki stres u proteklom periodu, pa da zbog toga mnogo duva. Policajci ga pitaju "koji stres", i Mare počne da im priča:" Umrla mi je baba pre par meseci, i bila je pravoslavne vere, srpkinja. Znači po našim običajima, pokojnik ide u grob, u zemlju, jel tako? ", policajci se slože, "E pa, u mrtvačnici pored moje babe, ležala je neka matora indijka koju su trebali da zapale, po njihovim običajima, ali su oni idioti iz mrtvačnice pomešali leševe! Moju babu su spalili, a indijku zakopali! I eto, ja od tad duvam!". Ovi ga opet našamaraju, jer je priča toliko glupa da mu ne bi poverovalo petogodišnje dete, ali Mare uporan, ne odustaje. Na kraju ga spakuju i odvedu ga prvo u policijku stanicu da da izjavu, on opet ispriča isto. Posle ga odvedu kod krivičnog sudije, on opet isto. Sudija mu kaže da se dozove pameti, jer to što priča može da se proveri, i ako se ispostavi da nije tačno, ima da mu nakače pored dilovanja droge i ometanje u istrazi, ili tako nešto, što znači da će umesto tri, ležati u zatvoru pet godina. Ali Mare uporan, drži se priče. Kad međutim, sudija okrene broj mrtvačnice, i ovi im potvrde da je bio incident sa dva leša, i da je spaljena baba Maretova! Čak su poslali i neke isečke iz novina da se to stvarno desilo. Kažu da je sudija spustila slušalicu, okrenula se ka Maretu i rekla mu:" Au, sine, pa tebi treba pomoć.", i poslala ga kod psihijatra jednom nedeljno o trošku države, a dva puta nedeljno na društveno-korisni rad u Gradsko Zelenilo, da čisti parkove šest meseci. E zato je Mare još na slobodi, jer su mu spalili babu. A marihuana je, naravno, bila za dilovanje."

Dok sam ulagao sve svoje napore da ubedim Gabrijelu da je priča o Maretu istinita, Barstov nam je bio sve bliže. Na ulasku u grad sam pod pritiskom bio prinuđen da odam svoj izvor priče (osobu koja mi je ispričala priču o Maretu), i Gabrijela donese zaključak da se radilo o istinitom događaju, da je moj izvor bila osoba od integriteta, ali se ipak dogovorismo da po dolasku u hotel potražimo članke iz novina o greškom spaljenim pokojnicima.

Stigli smo u Motel 6, još je bilo jutro. Kad kažem jutro, mislim pre dvanaest,

znači oko jedanaest sati, ne više od pola dvanaest. Za neke to više nije jutro, ali meni termin posle-podne počinje onda kako mu ime samo kaže- posle podneva. To znači da je pola dvanaest i dalje jutro. Elem, na recepciji hotela smo uzeli ključeve od sobe koja se nalazila u prizemlju, tik uz bazen. Prvi utisak je bio fenomenalan. Soba je bila vrlo pristojna na prvi pogled, bazen je bio veliki, čist, i što je bilo najlepše od svega, prazan, kao uostalom i ceo Motel 6. Raskomotili smo se u sobi, malo osvežili, a onda rešili da odemo nešto da pojedemo i obiđemo grad.

Vozeći kroz grad, posle samo pet minuta smo shvatili da ćemo, kako stvari stoje, naredna dva dana provesti u motelu. Ovaj grad u sred pustinje bio je samo usputna stanica za slučajne prolaznike kao što smo mi, a ljudi koji su živeli u njemu (ne više od dvadesetak hiljada njih), su, pretpostavljam, bili zaposleni u mnogobrojnim kafe-šopovima i restoranima (uglavnom brze hrane) duž puta. Prolazeći ulicama Barstova, pitali smo se kakav je način života u gradu bez ikakvog sadržaja. Ubrzo smo se odlučili za McDonald's, sigurnu varijantu isprobanu nebrojano puta. Pošto je red automobila koji su čekali hranu za poneti bio preveliki, parkirali smo se i ušli u restoran. U prvi mah, restoran je izgledao sasvim obično, kao i većina McDonald's restorana. Ali nakon što smo naručili hranu, otišli smo u deo za ručavanje, i odjednom smo se zatekli u vagonu. Da, dobro ste čuli/pročitali, u vagonu. Iz normalne, regularne prostorije u kojoj se naručuje i plaća hrana, prolazilo se kroz vrata koja su vodila u stare vagone, međusobno povezane; izgled i materijal stolova i sedišta je bio baš kao u kupeu, kao i prozori i ofingeri za odeću. Bili su to pravi vagoni, adaptirani u mesto za ručavanje. Sad kad malo razmislim o tome, ko god je to smislio, imao je jako dobru ideju, ali tada, u tom trenutku, nama je izgledalo sablasno i vrlo rizično. Možda vagoni nisu bili ti koji su direktno činili da se osećamo tako, ali garantujem da su imali udela u nekom procentu. Ne znam sa čime bih uporedio taj osećaj da bih vam više približio ovu scenu. Možda ovako: zamislite da ste krenuli na fudbalsku utakmicu, ulazite u voz, a kupe je pun protivničkih navijača, koji se poznaju međusobno, i vi ste jedina nepoznata osoba u kupeu. Tačnije, u ovom slučaju su bile dve nepoznate osobe -Gabrijela i ja, i nisu bili fudbalski navijači, već su stoprocentne mušterije vagona u Mcdonald's-u bile Afroamerikanci, da ne kažem crnci, da se neko ne uvredi zbog političke korektnosti. Da se odmah ogradim, ja nemam ništa protiv njih, čak šta više gotivim ih, slušam njihovu muziku i mislim da su kul... nisam nikada gledao ko je koje vere, boje kože ili nacije, imam dosta različitih prijatelja i to me ne zanima, kao ni Gabrijelu. Ali u ovoj situaciji, nisam imao pojma kako oni gledaju na nas, "beli" par koji se lagano ušetao među njih kako bi pojeo par burgera. Osećao sam poglede uperene prema nama, moglo se čuti šaputanje i lupkanje laktom osobe pored kako bi se i ona okrenula da pogledala ovo dvoje, nemarnih belaca koji su izgleda zagazili na tuđu teritoriju. Kao da smo ušetali u film "Straight outta compton"; ko je gledao film zna o čemu pričam. Samo je falio Ajs Kjub, da se pojavi i povede pesmu Fuck The Police.

Shvatiši situaciju u koju smo upali, znao sam da je najgora moguća opcija bila okrenuti se i izaći iz vagona, što je izbezumljena Gabrijela preporučila kao opciju A. Brzo sam joj objasnio da bi, ako bismo se okrenuli i izašli, rizikovali da, pod jedan, pokažemo slabost (da ne kažem strah), što bi eventualne siledžije (ako su opšte i bili, mada su tako izgledali) jedva dočekale i vrlo verovatno krenule za nama; pod dva, isprovociramo nekog ko bi nam se obratio pitanjem:

"jel' izlazite iz kupea zato što smo crni?!", a onda bi mi morali da odgovorimo nešto poput:

"Ne, izlazimo iz kupea jer delujete kao da ste ispali iz spota EasyE-jeve pesme, i malo nam je frka".

U oba ova slučaja, konfrontacija je bila vrlo realan ishod situacije, što nas dvoje sigurno nismo želeli. Za mene je opcija A bila: ponašati se ležerno, ne pokazivati strah, sesti i pojesti svoj burger kao na bilo kom drugom mestu, što smo i uradili. Prvih par minuta, svi u restoranu su i dalje piljili u nas uz propratna šaputanja, a onda smo im valjda dosadili, pa su se vratili svojim pređašnjim radnjama, kao što su razgovor, završavanje obroka, bit-box itd. Brzo jedenje je inače moja (loša) navika, ali Gabrijelu, koja inače jede vrlo sporo (ili pak dosta sporije od mene), nikad nisam video da tako brzo završi obrok. Po završetku obroka smo ustali, očistili naš sto i lagano se išetali iz vagona. Ne znam da li se radilo o paranoji ili ne, ali u svakom slučaju smo osetili rasterećenje po ulasku u kola.

Vratili smo se u naš prazni motel, ulogovali se na već nekoliko puta pomenut web-sajt, neko vreme proveli tražeći, onda i rezervišući naš sledeći smeštaj u San Dijegu, a potom legli da malo odmorimo gledajući neku televizijsku emisiju, uz koju smo brzo potom zaspali. Ceo taj dan, počevši od jutra sve do popodnevnih časova, bio je u duhu krimogenih dešavanja, policije i pripadnika sa one strane zakona, zato i ne čudi zašto je san moje popodnevne dremke izgledao kako je izgledao. U mom snu, koji je trebao da bude opuštajući, ja koračam nekim hodnikom belih zidova, ali skroz išaran raznoraznim grafitima, nevešto i vešto ispisanim imenima... Svetlosti u hodniku ima dovoljno, mada bih pre mogao reći da je hodnik mračan nego svetao. Hodam polako čitajući natpise na desnoj stani hodnika, neretko i zastanem ne bih li protumačio šta tačno piše...a onda, na kraju hodnika ispred mene se pojavljuje pet-šest stepenika koji vode u zagušljivu prostoriju blago crvene svetlosti, iz koje se prigušeno moglo čuti gruvanje rep muzike, kao i povremeni žamor ljudi koji se provode. Silazim niz stepenice u masu ljudi, ali zvuk ostaje isti-prigušen. Guram se kroz pijanu, nadrogiranu rulju ljudi, koji skaču u ritmu muzike, a neki se i nekontrolisano teturaju ka meni, nudeći mi flaše sa alkoholom, džonite i neke tablete. Odgurijem ruke koje se pružaju ka meni, i pokušavam se da probijem ka izlazu nekoliko metara ispred mene. Sklanjam ruke, koračam pravo, ali izlaz je i dalje na istoj razdaljini od mene... muzika se i dalje prigušeno čuje... U jednom trenutku odlučim da ubrzam... ali izlaz je još na istom mestu... zamahujem rukama kao da sklanjam grane ispred sebe provlačeći se kroz gustu šumu... veslam rukama, ubrzavam nogama, ali bez pomaka... Osećam miris marihuane... neko definitivno duva u mom okruženju... Budim se.

Mislim da su priče o tome da se neko, kada sanja stresne snove (košmare), naglo probudi obliven hladnim znojem, mit. Ili možda ja nisam nikad sanjao dovoljno stresne snove. Uglavnom, probudio sam se sasvim obično, kao i svaki prethodni put, podigao se i seo na krevet. Bilo je veče, oko devet sati. Na televiziji je išla neka emisija u kojoj se prijavljeni takmiče da pokažu neki svoj talenat. Scenografija emisije je bila crvena, što je objašnjavalo crveno svetlo u mom snu. Muzika i žamor ljudi su se takođe čuli, ali nije dopirao iz televizora. Nešto se dešavalo napolju. Ubrzo se i Gabrijela probudila, raščupane kose i uvek bunovna bez obzira koliko dugo spavala, ustaje i odlazi u kupatilo.

Nedugo zatim, izlazi iz WC-a, trlja oči, i naslonjena na štok od vrata me upita:

”Šta se to dešava napolju? “.

“Nemam pojma. Izgleda da su neki ljudi napolju.”, ušmrknuo sam dva puta kratko, pa nastavio:

”Jel osećaš? Oseća se na marihuanu.”.

Gabrijela učini isto, mada su njeni udisaji bili nešto duži od mojih, potvrdno klimne glavom, pa predloži:

”Hajde da vidimo šta je.“.

Obukli smo se, i spremni za izlazak iz sobe, otvorili vrata. Ovoga puta, muzika se čula znatno glasnije, toliko da sam u jednom trenutku imao problem da čujem sopstvene misli. Na bazenu je bilo oko trideset ljudi, i ako sam dobro uspeo da izbrojim, pet pit-bulova pozamašne veličine. Ljudi iz mog sna su bili ispred naše sobe, a situacija je delovala dinamičnija nego u snu. Stacionirani na ležaljkama bazena, svaki sa svojom flašom alkohola u ruci, vrteli su u krug dva džointa i povicima “Ej, ej, ej” ohrabrivali dve crnkinje koje su tverkovale uz bitove muzike. Pit-bulovi su slobodno šetali između njih, njušili prisutne i zapišavali ono što su mislili da treba. Kretali su se brzo i haotično, tako da nisam stopostotno siguran da ih je bilo pet; možda ih je bilo i četvoro, a možda i šestoro.

“Šta se desilo sa našim mirnim, tihim motelom? “, pomislio sam, ali muzika je bila toliko glasna da bih rekao Gabrijeli, tako da sam joj samo dao znak glavom da krenemo u šetnju ka parkingu, a od uzavrele atmosfere na bazenu. Odlučili smo da se odvezemo do Volmarta i tamo kupimo nešto za večeru. Tamo smo se zadržali više od dva sata, jer oboje volimo šunjanje po velikim radnjama. Tu naviku smo razvili još u Dubaiju, ubijajući vreme, a boga mi i završavajući neke vrlo bitne poslove. U Emiratima je svaki šoping mol kao jedan mali grad, i sva dešavanja su smeštena tamo, tako da je vrlo lako provesti vreme u njima... Ali vratimo se na Ameriku i Barstov. U Volmartu smo najmanje vremena proveli birajući hranu za večeru, a najviše među odeljkom sa garderobom, tehnologijom i kozmetikom.

Kada smo se vratili u motel, žurka na bazenu je još bila u toku. Koliko sam mogao da vidim dok smo prilazili vratima, bila je podjednako divlja kao i kada smo odlazili. Dva psa su se otimala oko nečije papuče svega par metara od naših vrata, džointi su i dalje kružili iz ruke u ruku, a crnkinje koje su tverkovale su i dalje izvodile svoju plesnu tačku, ali ovaj put u bazenu. Muzika je gruvala podjednako kao i prvi put. Ušli smo u sobu, zaključali vrata, stavili lanac kao dodatak zaštite, raskomotili se i uzeli da večeramo. Na televiziji je počinjao film koji nam se učinio interesantno, tako da smo iz kreveta počeli da pratimo radnju, sve dok ponovo nismo zaspali.

Sledećeg dana kada sam se probudio, bila je tišina; od žurke su ostale samo razbacane čaše i flaše oko bazena i jedna ležaljka u bazenu. Miris marihuane se više nije osećao, a ja ovoga puta nisam ništa sanjao.

Ujutru smo rešili da se opet odvezemo u Volmart i kupimo hrane dovoljno za naredna tri obroka, i tako jedan ceo dan provedemo lenčareći u četiri zida, kako bi se odmorili za predstojeća dešavanja, ali i distancirali od dešavanja u Barstovu. Skuvali smo kafu, popili je u tišini sastavljajući svako svoju listu namirnica, a posle kafe ih uporedili i sastavili jednu veliku, zajedničku listu. Na putu do parkinga smo još jednom usput bacili pogled oko bazena, na mesto gde je prošlu noć bila žurka. Đubre od sinoć je i dalje bilo tamo, a ležaljka je i dalje bila u bazenu. Na putu do parkinga su se mogli videti neki obični ljudi koji su prolazili pored hotela, u reklo bi se, dnevnim regularnim obavezama. To je po mom uverenju bio prvi put u poslednjih dvadeset i četiri sata, ako izuzmemo recepcionera hotela, da se susrećemo sa normalnim ljudima u Barstovu. Čak mi je radnica u McDonald's-u delovala sumnjivo. Hodajući prema parkingu, svoje mišljenje sam podelio sa Gabrijelom, koja se sa smeškom na licu odmah složila sa mnom. Kada smo konačno izašli na parking, ispred nas je šetala majka sa dvoje dece, jedno gurajući u kolicama, drugo vodeći pored sebe držeći ga za ruku. Lupkao sam Gabrijelu po ramenu, ne bi li joj ukazao na još jednu normalnu scenu u Barstovu. Zar može biti išta normalnije od majke sa dvoje dece koja šeta u jutarnjim satima. Preko puta parkinga, trotoarom je potrčao par, po govoru tela reklo bi se ljubavni. Bila je to još jedna regularna scena iz svakodnevnog života, i pored par prethodnih, nas dvoje pomislismo kako ovaj gradić ipak nije toliko loš. Možda smo samo naleteli na takve ljude u proteklom danu, koji su nam stvorili lošu sliku o ovom mestu.

Međutim, dok smo, hodajući ka našim kolima, bržim hodom preticali ženu ispred nas, na ivičnjaku, između dva parkirana automobila, ugledali smo narkomana! Sedeo je unezveren, totalno van sebe, desne ispravljene ruke uz telo, dok je u levoj ruci držao špric. U zubima mu se mogao videti jedan kraj pertle koji je vukao na levo, dok je drugi kraj je obmotao oko desne podlaktice, iznad vene koju je pokušavao da pogodi iglom iz šprica. Sve se dešavalo jako brzo, i dok sam, u hodu, pokušao da shvatim da smo upravo prošli pored narkomana koji drogira na sred parkinga i usred bela dana, stigli smo do kola.

"Jel si videla?", pitam Gabrijelu dok otključavam auto.

"Videla sam, otključavaj auto brzo!", panično mi odgovara kao da će narkoman početi da nas gađa špricevima.

Gabrijela je brzinom svetlosti uletela u kola, a ja sam se, pre ulaska, još jednom okrenuo da vidim pređašnju scenu. Narkoman koji je do malo pre sedeo između dva automobila, opružio se preko trotoara gornjim delom tela (valjda po obavljenom poslu), dok su mu noge i dalje bile na parkingu između kola. Ka njemu je šetala majka sa dvoje dece koju smo mi pretekli desetak sekundi pre. Spazivši to, malo sam se zadržao pored automobila kako bih sačekao da majka spazi narkomana i skloni decu od njega. Jednostavno sam hteo da se uverim da će sve proći bez problema. Međutim, možda i najluđa scena od svih koje sam video u Barstovu je tek sledila. Žena sa dvoje dece je spazila prepreku ispred sebe kako leži u nirvani, potom je desnom rukom izgurala kolica oko nje, dok je ona sama sa drugim detetom nonšalantno preskočila preko iste, i lagano, pevušeći neki gospel, sporim hodom nastavila šetnju. Delovalo je kao da dnevno preskoči pet do osam narkomana u toku jedne šetnje! Očigledno smo jedino Gabrijela i ja bili šokirani ovim dešavanjima u Barstovu. Za sve druge, ovo je bio samo još jedan, po njihovim standardima, običan dan.

Shvatili smo da se nalazimo u totalno otkačenom gradu, jer mesto u kome je narkoman na parkingu u jutarnjim satima obična stvar, definitivno ne može biti normalno. Od tog momenta, čak su nam i obični ljudi delovali uvrnuto. U Volmartu smo kupili duplo više namirnica od planiranog, jer ni jedno od nas nije htelo da rizikuje da opet moramo da izlazimo iz sobe do sutrašnjeg polaska u San Dijego. Po povratku u sobu smo opet zaključali vrata i ostatak dana proveli u krevetu uz televizor.

U kasnim večernjim satima, Gabrijeli je iznenada zazvonio telefon. Zetečena, jer ni meni ni njoj nije zvonio telefon danima, možda još od kampovanja, Gabrijela je podigla telefon sa noćnog stočića. Bila je to tetka! Ona ista koja nam je otkazala gostoprimstvo i priredila ovaj neplanirani put, zbog koje smo bili prinuđeni da tumaramo Amerikom.

# San Dijego

“Halo!”, besno se javila Gabrijela, vidno i dalje ljuta na tetku.

“Halo Gabrijelice, jel me čuješ?!”, drala se tetka u slušalicu, toliko da sam ja pored Gabrijele mogao sve da čujem iako spikerfon nije bio uključen.

“Čujem tetka, reci.”, prevrće očima.

“Pa gde ste vi, kada ćete u San Dijego?”, urlala je toliko da sam već imao utisak kao da nam sedi u sobi.

“Evo nas u Barstovu, sutra ćemo krenuti za San Dijego.”, odgovara joj Gabrijela formalno i nezainteresovano.

“Baril?! Bojane, u Barilu su!”, objašnjava nekom ko nije bio u istoj prostoriji sa njom, ali to za tetku očigledno nije bio problem.

“Nije tetka Baril, nego Barstov!”, ispravlja je Gabrijela, i dalje vrlo formalna.

“Kako? Bartov? Bojane, Bartov je! U nekom Bartovu su!”, ispravlja se tetka dovikivajući ponovo nekom Bojanu pogrešno ime.

“Nije Bartov, tekta, nije ni Baril! Barstov je! Barstov!”, ovog puta i Gabrijela povisuje ton, ne bi li tetka konačno čula ispravno ime.

“Aaa, Barstov. Boki, Barstov je! U Barstovu su!”, smejem se sa strane, dok posmatram Gabrijelu koja se suzdržava da se iole uljudno obraća tetki.

“Zna Bojan! Zna gde je Barstov!”, govori tetka sva ponosna pa nastavlja: ”Pa vi ste blizu nama, par sati vožnje od nas. Kad dođete u San Dijego, obavezno se javite, da vas tetka ugosti.”

“Hoćemo tetka, čujemo se.”, hladno odgovori Gabrijela i završi razgovor.

Naravno da Gabrijeli nije padalo na pamet da se po dolasku u San Dijego javi tetki, a još manje da je poseti. Čak mislim da je tetka odlično prošla u telefonskom razgovoru, jer poznavajući Gabrijelu, mogao sam videti da je uložila sve svoje napore da je ne izvreða i zalupi joj slušalicu. Ta žena nam je u poslednjem momentu otkazala poziv koji je, podsetiću vas, ona sama inicirala. Direktno je bila odgovorna za sve što nam se dešavalo u proteklim danima, i ne mogu reći da sam krivio Gabrijelu što se tako oseća. Čak šta više, mislim da bih ja bio još gori da se radilo o mojoj tetki. Da je moja tetka bila u pitanju, verovatno joj se ne bih ni javio na telefon. Ali sreća u nesreći je bila ta da je tetka bila Gabrijelina, i da sam ja emotivno bio totalno ravnodušan prema ovoj situaciji, te sam mogao racionalno da sagledam stvari i predložim najbolje rešenje po nas dvoje. Za mene, to više nije bila osoba koja je u krvnom srodstvu sa mojom ženom, i koju treba ispoštovati, uvažiti, ili ako baš hoćete fascinirati. Od onog incidenta, više je nisam video kao deo familije na koji ja treba da ostavim utisak dobrog zeta, a Gabrijela utisak dobre rođake. Ali situacija u kojoj smo se nalazili, nametala je misli u moju glavu da se treba ponašati kao da se ništa nije desilo, i da tetku treba gledati isključivo kao jedan besplatan obrok dnevno, iskoristiti maksimalno sve što je bilo ispred nas kako bi narednih pet dana do polaska za Beograd prošli što bezbolnije. Moj "neutralni" stav je bio, da se definitivno treba odazvati, pa eto bar tom pozivu na ručak, i ako se ukaže prilika, možda prikupiti još po neki benefit u vidu obilaska grada, po neke besplatne večere ili nečeg sličnog. Možda vam dok ovo čitate zvučim kao da sam pre piroćanac nego zemunac, ali morate shvatiti da smo mi u tom trenutku već dvadeset i pet dana bili na proputovanju, a zarada koju smo nosili sa kampa Lejknoki se već bila znatno umanjila, što nam nije bio plan kada smo kretali u Ameriku. Gledao sam kako da što više para vratimo za Srbiju, i ovo mi se činila kao dobra prilika da se sačuvamo (ako ništa u finansijskom smislu).

Gabrijela je malo vrdala, a onda prihvatila moju ideju, iako znam da joj je to teško palo. Znao sam da bi joj ona radije sasula salvu uvreda preko telefona, i direktno dala do znanja kakva je seljančura, pa makar se vratila kući bez i jednog zarađenog dolara, ali na sreću po nas oboje, pa i po tetku, u njoj je preovladao moj glas razuma.

Sledećeg dana smo bili prinuđeni da se odjavimo iz Motela 6 pre osam sati izjutra. Iako nam je rezevacija za prijavu u novom motelu bila dostupna tek od petnaest časova, a udaljenost do njega bila svega tri sata, bili smo siti Barstova i rešili se da odmah krenemo iz njega. Po izlasku iz sobe smo vratili ključeve na recepciju, uzeli dve kafe za poneti i uputili se ka San Dijegu, u nadi da će nas tamo ipak pustiti da uđemo u sobu nešto ranije.

Ispred motela Ekono Lodž In smo stigli negde oko jedanaest sati ujutru; četiri sata pre predviđenog čekiranja. Na naše razočarenje, zaposleni u Encono motelu su nam se izvinili na budućoj neprijatnosti, saopštivši nam da nećemo biti u mogućnosti da u sobu uđemo pre šesnaest časova. Jasno vam je da diskusije o ranijem ulasku u sobu nije ni bilo, jer zbog prevelikog broja gostiju, spremačice nisu stizale da očiste sve apartmane na vreme. Razoružani validnim argumentima recepcionara motela, morali smo da smislimo način kako ćemo uticati narednih pet sati. Trebalo je prekratiti vreme, otići negde gde bi mogli da se razonodimo bar četiri sata. Ali gde!?

Meni odjednom sinu ideja, prouzrokovana jednom davnom pričom iz mog naselja. Par godina ranije, grupica mojih drugara iz srednje škole se odlučila da se prijavi za Work And Travel program, koji je omogućavao mladima da rade u Americi i iskuse život u ovoj državi. Po dolasku u Ameriku, bili su smešteni baš u San Dijegu, a zarađivali su tako što su vozili rikše po ulicama ovoga grada (taksi-bicikle). Ali nije to ono što ovu priču čini interesantnom. Željni avanturizma, oni su nabavili spravu koja sa lakoćom skida popularne zujalice sa gardarobe (naprave koje sprečavaju mušterije da iznesu stvari iz butika pre nego što ih plate), te su u slobodno vreme odlučili da se oprobaju u jednom drugom poslu -šaniranju. Za priču je još bitno napomenuti da ni jedan od ovih momaka, do tog trenutka, nije imao nikakvog dodira sa kriminalom. Uvereni u naivnost američkih radnika po buticima, oni su bili sigurni da su u stanju da se ušetaju u radnju i iznesu komad gardarobe neprimećeni. U početku je to bio samo jedan, ili najviše dva odevna predmeta, da bi vremenom postali toliko bahati da su iz radnje iznosili po čitave torbe pune stvari. Za priču je još interesantno da je i torba u koju su trpali predmete bila iz tog butika; njoj bi prvo makli zujalicu. Da bahatost nema granice, pokazali su ovi momci u punom sjaju, pošto su postali toliko samouvereni da su, pre nego što bi neku majicu, patike ili pantalone stavili u torbu, tražili od zaposlenih da im donesu odgovarajuću veličinu ili boju koja im je odgovarala.

Ali kako svaka priča ima kraj, tako je i sa ovom. Zapravo, mislim da je kraj ove priče ono što mi ne da ovu anegdotu svrstam u red običnih, i posle određenog vremena je zaboravim. Na dan hapšenja, ova mala družina se uputila u Najk Fektori, na samoj granici Amerike sa Meksikom, i tamo, po već oprobanom receptu iznela pozamašnu količinu stvari. Svaki od četvoro "bandita" je iz radnje izneo jednu putnu torbu punu garderobe. Po povratku u smeštaj, neko vreme su proveli pokazivajući jedan drugom šta su upravo otuđili, a zatim se vratili u istu tu prodavnicu kako bi uzeli još; i tako četiri puta! Jedan od aktera ovog događaja mi je pričao da je četvrti put, nakon njihovog ulaska, policija pripremila zasedu ispred prodavnice, ne bi li ih uhvatili na delu. Međutim, njihovo razgledanje i isprobavanje garderobe se toliko odužilo, da su na kraju pripadnici reda izgubili strpljenje, te su ušli unutra da im saopšte da su uhapšeni, i da smesta krenu sa njima.

Sve je rezultiralo dvonedeljnim boravkom u zatvoru za starije maloletnike, plaćenom kaucijom od dvesta hiljada dolara, deportacijom u Srbiju i desetogodišnjom zabranom ulaska u Sjedinjene Američke Države. To je bio prvi, ali i poslednji kriminalni akt ove četvoročlane bande. Danas su svi uspešni akademski građani, a od njihove kriminalne karijere je ostala samo ova anegdota koja se s' vremena na vreme prepričava.

Setivši se ove priče, nisam pomislio da sa Gabrijelom krenem u krađu stvari, ali jesam da bi mogli da odemo do Outlet Mall-a na granici sa Meksikom. Iz priče mog drugara sam zaključio da je to bilo mesto u kome bi osoba mogla da provede sate i sate u razgledanju garderobe, a prizor Tihuane, koji se mogao videti preko zida koji je predstavljao granicu ove dve zemlje, bio je jedinstven. Gabrijeli je reč šoping bila dovoljna da bez pitanja sedne u kola i prihvati moju ideju. Tamo smo proveli četiri sata, a onda se, kako nam je na recepciji rečeno, vratili u motel oko šesnaest časova ne bi li najzad ušli u sobu. Ubrzo nas je tetka ponovo pozvala u goste i dogovorili smo se da sutra ujutru odemo do nje.

Sutradan smo, kao i svakog jutra, popili kafu, a onda se uputili na lokaciju koju nam je tetka poslala. U pitanju je bio Eskondido, mesto udaljeno pedeset kilometara od grada San Dijega. Sve njene priče kako živi u fenomenalnom urbanom gradu punom dešavanja, metropoli, momentalno su pale u vodu kada je poslala svoju adresu. Eskondido je San Dijego, isto onoliko koliko je Barajevo Beograd. Mislim da ste do sada ukapirali da ni Gabrijela ni ja nismo osobe koje cene ljude po mestu u kome žive, i da nemamo ništa protiv ljudi iz Eskondida, a ni protiv onih iz Barajeva. Živiš tamo gde možeš i gde ti je lepo, to je individualna stvar. Ali nisam mogao da ne primetim tu primitivnu potrebu žene od preko pedeset godina, da predstavi svoj život onima u Srbiji boljim nego što jeste. Složićete se, iako to mnogi ljudi rade, to može biti blagi nagoveštaj o kakvoj se osobi radi.

Da je moj prvi utisak bio ispravan, pokazalo se posle samo desetak sekundi po dolasku na lokaciju koju smo dobili. Ispred nas se našla kućica sa čuvarem, i rampa koja nam je blokirala ulaz u naselje. Iza rampe se mogao videti veliki natpis "Happy Days", koji je označavao ime naselja ispred nas, a ispod je sitnijim slovima pisalo "penzionersko naselje", što je ukazivalo na njegovu namenu. Iz pravca naselja se ubrzo pojavila žena, koja je koračajući ka nama, mahala desnom rukom, dok je u levoj držala nešto poput džinovskog novčanika, ili miniaturne ručne torbice. Obučena u nešto što je podsećalo na komplet pidžamu žućkaste boje, sa braon naočarima za sunce na očima, toliko velikim da su joj pored očiju prekrivale i pola čela, signalizirala je čuvaru da nas pusti unutra, dok je i dalje neprestano mahala.

"To je ona?", pitam Gabrijelu lažno se smeškajući dok mašem tetki iz automobila.

"Da, to je ona.", mrzovoljno mi odgovori, dok takođe mrzovoljno odpozdravlja tetki, ne smeškajući se uopšte.

Ušli smo u naselje i parkirali se pored belog Mercedesa koji je, da budem iskren, izgledao impozantno. U pitanju je bio dugačak, nov auto, nisam siguran tačno koji model, ali složićete se, bilo koji nov Mercedes je vrhunsko vozilo. Znao sam odmah da je to bilo tetkino prevozno sredstvo, jer je tetka bar desetak puta te godine postavljala na društvene mreže slike svoje mašine, a boga mi ih i slala rodbini, u slučaju da su propustili da vide njene objave. Izašli smo iz našeg Renoa, a tetka je odmah poletela ka Gabrijeli, grleći i ljubeći je. Gabrijela je bila dovoljno uljudna, taman toliko da se ne primeti njena razočaranost prema tetki, mada ni tetka nije odavala izgled osobe koja bi tako lako mogla da pročita nečiji govor tela. Kada je završila sa grljenjem Gabrijele, došao je red na mene. Pružio sam ruku predstaviši se, a tetka mi je stisnula šaku i privukla je k'sebi, poljubivši me tradicionalno, po srpski, tri puta. Dok je menjala obraze u koje me je ljubila, zapazio sam da joj se brkovi presijavaju, verovatno kao posledica punomasnog doručka. Takođe sam imao "čast" da tri puta uronim u njenu neurendnu, raščupanu kosu, koja se presijavala iz, pretpostavljam, drugih razloga. Sa istim ukočenim smeškom koji sam držao još od prolaska kroz rampu, okrenuo sam se i iz džepa izvadio maramicu kako bih obrisao svoje lice. Tetka, ne pimetivši ništa, otvori vrata od svog Mercedesa i predlozi nam obilazak Eskondida pre ručka. Bio je to očigledno suptilan način da nam potvrdi da je Mercedes koji stoji na parkingu njen, u slučaju da do sad nismo shvatili.

Kada smo ušli u kola, krenuli smo kroz naselje koje je izgledalo kao i svako drugo u Americi. Tipične montažne kuće, tipični travnjaci, tipični trotoari i bulevari... Napolju je bio paklen dan, a u kolima se jedva disalo pošto je klima bila ugašena. Nakon par minuta vožnje, Gabrijela je zamolila tetku da ipak upali klimu, pošto je situacija bila nepodnošljiva. Tetka se uspaniči, počne da nasumično pritiska dugmiće, upalivši sve drugo u autu osim klime. Posle našeg navođenja, ona ipak potrefi pravo dugme, i u kolima poče duvati hladan vazduh. Nismo puno razgovarali tokom vožnje, jer je tetki očigledno bila potrebna puna koncentracija da bi upravljala vozilom, iako je silno želela da priča sa nama. Započela bi rečenicu, a onda bi u pola reči zastala, proveravajući sve i jedan retrovizor, potom se glavom naginjala ka volanu, a onda polako skrenula u sledeću ulicu. Rečenicu koju je započela ne bi završila, već bi započinjala novu, koja nije imala veze sa prethodnom, i tako nekoliko puta sve dok se nismo zaustavili.

Kada je parkirala auto, prstom je uperila u kuću ispred nas, i tvrdeći da je njena, pozvala nas da uđemo unutra i obiđemo je.

“Jel to ona kuća u kojoj si trebala da nas ugostiš?”, ironično je upita Gabrijela, ali tetka očigledno nije čula za ironiju.

“Da, da, baš ta! Pogledajte! Moja šestosobna kuća!”, sva uzbuđena odgovara tetka, neprimećujući neprijatnu situaciju koju je Gabrijela pokušala da izazove.

“Hajde, uđite da vidite! Sve je ovo tetkino!”, ponosno nas gura u dvorište kuće.

“Stvarno impozantno!”, ubacujem se ja, i pravim se još naivniji od tetke:” Svaka Vam čast, za pet godina u Americi ste uspeli da kupite ovoliku kuću. Sami Vi... za samo pet godina....”.

“Pa dobro, nisam samo ja, moji sinovi koji rade u Los Anđelesu i ja smo digli kredit, Boki isto, i sad otplaćujemo. Ali kuća je moja... mislim, biće moja.” objašnjava tetka, i vidno nezadovoljna tokom razgovora pokušava da promeni temu:” Kad smo već tu, jel bi mogao da mi dohvatiš ovo crevo, već par dana pokušavam, ali previše sam niska. “

“Naravno, nikakav problem.”, penjem se na stolicu i vadim crevo sa improvizovanog tavana.

“Idi tamo zavrni crevo i pusti vodu dok ja obiđem oko kuće.”, komanduje mi dok odlazi iza ćoška kuće.

Narednih desetak minuta u dvorištu smo bili jednino Gabrijela i ja, a tetka se pojavila tek pošto sam ja zalio celo dvorište. Pravdala se da je morala da obiđe stanare kojima je ustupila kuću da bi plaćala malo pre pomenuti kredit, i da se neplanirano zapričala. Moram priznati, ovo je bio nikada čudniji obilazak kuće, pošto ni po zalivenom travnjaku nismo ušli unutra, već je tetka kao po komandi viknula:

"Dobro, idemo dalje!", i izjurila iz dvorišta u svoj Mercedes.

Ovoga puta je iz prve upalila klimu, a sledeća stanica u obilasku bio je San Markos, susedno mesto nama poznato po odbeglim srpskim četnicima posle Drugog svetskog rata, koji su po dolasku komunista na vlast odbegli ovamo i sebi stvorili "svoje malo carstvo". Još iz kola se mogla videti velika bela građevina, pravo zdanje. Bila je to Crkva Svete Petke, sarađena pod inicijativom četničkog pokreta "Ravna Gora". Porta crkve je bila ogromna, toliko velika da je sigurno mogla da primi par hiljada ljudi. Što bi naš narod rekao, sve je bilo pod konac. Gledajući u našu, pravoslavnu crkvu, čovek je stvarno mogao da se oseti kao da se nalazi negde u sred Srbije. Naravno, pod uslovom da ne skreće pogled sa crkve, pošto su drvoredi u porti bile palme, cveće pored šetačkih staza isključivo tropsko, a fontana u dvorištu bila više u latino stilu nego našem, srpsko-pravoslavnom.

"Ovo je naša crkva.", saopštava nam tetka za svaki slučaj dok pažljivo uparkirava auto na praznom parkingu, kao da nismo primetili dvadesetak metara visoko zdanje ispred nas.

"Vidimo tetka, nismo ćoravi.", odgovara Gabrijela totalno ravnodušna prizorom pred nama.

"Ali to je crkva Popa Đujića! On ju je sagradio!", pokušava tetka da podigne važnost ove crkve, iako to na nas nije imalo puno efekta. Zamislite da dovedete u Srbiju čoveka iz Ugande, odvedete ga u market i pokažete mu banane. Siguran sam da bi se prosečni Ugandanin više oduševio pokretnim vratima marketa nego bananama. Tako smo i mi više pažnje poklanjali svemu oko crkve, iako ne mogu da poreknem da je crva bila lepa, ali videli smo ih na hiljade, i većih, i više i manje lepih (ako se pojam lepa crkva može uzeti u obzir). Ali tetka nije odustajala, objašnjavala je kako se tu za svaki srpski praznik skupi dosta ljudi, da se oseća kao kod kuće, ustvari i bolje nego kod kuće, da se za Božić tu u dvorištu porte na ražnju okrene desetak prasića, pušta isključivo naša narodna muzika, a neretko se i zapuca od sreće. Čak nam je u jednom trenutku predložila da nam pokaže još jednu, do duše mnogo manju, ali isto srpsku crkvu.

"Neka tetka, dovoljno je što smo ovu videli.", odvraćala ju je Gabrijela dok smo obilazili oko crkve. Napravili smo krug, obišli crkvu unutra i spolja, a onda se, s'božijom pomoću uputili na sledeću lokaciju.

Vreme ručku se približilo, a to je ono što smo mi sve vreme čekali. "Besplatan obrok u tetkinoj šestosobnoj kući, jedno ili dva piva, i misija uspešna!", tako sam ja razmišljao dok smo se vozili nazad u Eskondido. Ali umesto njenoj kući, kola su se kretala u pravcu naselja za penzionere, tamo gde smo se prvi put sastali. Pomislio sam da tetku možda mrzi da nas posle ručka vozi po naš Reno, i da ćemo samo usput pokupiti auto, pa se sa dvoje kola odvesti do njene kuće. Međutim, kada smo stigli, ona nam je objasnila da je cela njena kuća iznajmljena, i da trenutno živi kod jednog penzionera kod kog je ujedno zaposlena kao negovateljica. U pitanju je bio naš čovek, i po njenim tvrdnjama neće biti nikakav problem da ručamo kod njega. Šta više, ona je bila dužna da njemu spremi hranu, pa će eto, kako je rekla, spremiti malo više i za nas.

"Pa, obrok je i dalje besplatan, baš nas briga.", prošlo je kroz moju glavu, te se brzo složih da pođemo; Gabrijela takođe.

Dok smo koračali ka domu čestite starine, tetka nam na brzinu i ispreplitano ispriča da ona inače radi u domu za stare, a da joj je negovateljstvo "tezga", tj. honorarni posao; da uskoro treba da dobije, kako se ona izrazila "licencu za ludake" (mislivši na ljude mentalno zaostale u razvoju), i da su tu pare veće pa će uskoro preći u tu ustanovu. Šokiran tetkinim načinom da se izrazi, odlučio sam da je ne slušam s'punom pažnjom i da jednostavno mislim na pivo, kome sam svakim korakom bio sve bliži.

Dok smo ulazii u dvorište jedne od mnogobrojnih sličnih kuća, na pragu je stajao simpatični čičica sa štapom u jednoj ruci, dok se drugom pridržavao za štok od vrata. Iako je napolju bilo vrlo toplo, na njemu se mogao primetiti štrikani prsluk zatvoren do poslednjeg dugmeta preko karirane košulje, duge pantalone, i po mom utisku, debele zimske čarape koje su virile iz klompi. Pored jakih gustih brkova i uredno podšišane kratke kose, na licu su u prvi plan upadali jaki, beli zubi, koji su po dekinom osmehu izrazito bili uočljivi. S'obzirom na njegove na godine, imao sam opravdanu sumnju da pomislim da je reč o pravim zubima. Zvao se Ivo, i bio je vrlo srećan što nas vidi, kao da smo mu rod rođeni.

"Dobro došli dragi moji, dobro došli!", vikao je deda Ivo iako smo mu već odavno dovoljno prišli.

"Izvolite unutra, sedite i raskomodite se.", i dalje stoji na vratima a mi ga pažljivo obilazimo i sedamo na sofu. Sa nama zajedno seda i tetka, zadovoljno se smeškajući premešta stvari na stočiću ispred nas. Deda Ivo je sačekao da se mi smestimo, a onda je pažljivo branim koracima došao do jedine fotelje u sobi, i lagano se spustio u nju. Štap je naslonio na spoljni deo naslona fotelje, ruke spustio na kolena, a onda počeo da nas ispituje odakle smo, koliko imamo godina, jesmo li u braku, i mnoga druga simpatična pitanja koja stari ljudi inače postavljaju. Tetka je i dalje sedela sa nama na sofi, preuređujući raspored za stolom. Odjednom, deda Ivo se okrete oko sebe, potom zbunjeno pogleda u nas, i upita:

"Gde su vam torbe deco?".

"Ostavili smo ih u hotelu u kom smo odseli.", ljubazno mu odgovorim.

"Kakav hotel?!", namrgođen, oborenih obva i u čudu gleda u nas, a onda mu pogled skrene na tetku koja se i dalje bavila premetačinom stvari na stolu.

"Šta će deca u hotelu?! Zašto ih nisi zvala da prenoće ovde?! Kakav crni hotel?!", maše rukama dok glasno govori, ne bi li tetka konačno ostavila stočić na miru i pogledala u njega. Konačno, tetka podiže glavu, i praveći se da nije pratila razgovor upita o čemu se radi, a deda Ivo joj sa istim žarom ponovi sve ispočetka.

"Pa ne znam... Nnn... Nisam raz... Jao, vidi koliko je sati, a ja još nisam počela pire-krompir da pravim!", tetka nevešto promeni temu, skoči sa sofe i istrča iz sobe pravo u kuhinju, usput mrmljajući šta još mora da završi do ručka. Deda Ivo promeni pozu u kojoj je sedeo, nasloni lakat na naslon koji je bio bliži nama i umilnim tonom nam reče:

"Deco, idite po svoje stvari, dođite ovde, ima dovoljno mesta, nema smisla da budete u hotelu."

Očigledno smo se dopali ovom starom, ali vrlo vitalnom penzioneru za njegovih devedeset i kusur godina. Objasnili smo mu da smo hotel već platili i da pare ne možemo da uzmemo nazad, ali da ako njemu znači, možemo dolaziti svaki dan da mu pravimo društvo, što je njega izuzetno razveselilo. Slagao bih kada bih rekao da smo mi bili ravnodušni ovim dogovorom, jer nas je čovek u tuđini, koji nas vidi prvi put u životu, lepše dočekao nego neki koji su nas poznavali i bili sa nama u krvnom srodstvu (nećemo reći ko). Naši dolasci tu više nisu bili vezani samo za besplatne obroke u svrhu čuvanja materijalnih sredstava, već nam je susret sa deda Ivom postao primaran, pogotovu što se radilo o vrlo interesantnom čičici. Tokom tog prvog susreta, posle ručka i jednog piva, kroz razgovor sa njim sam saznao da je bio dobar prijatelj sa popom Đujićem, da je u mladosti završio u jednom popularnom zatvoru bivše Jugoslavije, i da nikad nije uzeo kredit u Americi.

"Kredit je zlo! Ja to čudo nikad nisam imao! Ko će im verovati?!", govorio mi je, pretpostavljam, misleći na banke.

"Sve što sam kupio, kupio sam odmah i u kešu! I ovu kuću, i onu u Denveru, i sinu stan u Los Anđelesu... Ne mogu da verujem da ljudi ovde žive u dugovima ceo život!", pričao je, a ja sam slušao, pitajući se kako je neko u stanju da kupi sve te nekrtnine u Americi za novac, u državi u kojij i doktor i inženjer kupuju auto na kredit, a kamoli stanove i kuće. Pitao se jesam, ali samo u sebi, deda Iva sam slušao bez prekidanja, jer je očigledno bio željan da podeli sa nekim malo svog života i svoje poglede na ekonomiju.

Na rastanku smo se dogovorili da ga posetimo i sutra, i ujedno se zadržimo na ručku (i naravno, pivu). Ivo nas je ispratio kao da smo mu najbliži, čak nam je i mahao iz dvorišta dok smo odlazili autom. U kolima, dok sam vozio nazad do hotela, Gabrijeli sam prepričavao razgovor sa deda Ivom, koji je ona propustila praveći tetki društvo u dvorištu kuće. Ovoga puta sam se upitao naglas, ko to sebi može da priušti da kupi toliko kuća i stanova u Sjedinjenim Državama bez kredita. Gabrijelu je taj deo razgovora nešto manje interesovao od onoga zašto je deda Ivo bio u zatvoru. Nismo mogli da dočekamo sutrašnji dan, kako bismo eventualno pokušali da saznamo neki odgovor na mnogobrojna pitanja koja su nam padala na pamet. Zašto je bio u zatvoru? Da li je bio četnički borac pa je zato bio prijatelj sa popom Đujićem? Čime se bavio pre penzije? Odakle mu pare?

Uveče smo u restoranu ispred hotela kupili meksičku hranu za poneti, a onda se vratili u sobu. Veče je proteklo bez preterano interesantnih događaja, osim jednog, pomalo komičnog. Meni je, iz samo meni poznatih razloga, došlo da se ošišam mašinicom koju, inače, uvek nosim sa sobom. To ne bi bio nikakav problem da u tom trenutku nije bio jedan sat posle ponoći, i da je baterija u mašinici izdržala duže od polovine moje glave. Pošto mi je leva strana kose bila kratka svega tri milimetra, a desna strana dugačka tri centimetra, preklinjao sam Gabrijelu da izađe napolje i kupi mi novu, punu bateriju. Ona je, naravno, kategorički odbijala da u sred noći tumara nepoznatim mestom blizu meksičke granice kako bi meni kupila jednu pišljivu bateriju, tako da sam bio prinuđen da prespavam sa novim stajlingom na glavi. Tačnije, bila je to samo polovina novog stajlinga. Druga polovina je bila gotova sledećeg jutra, kada je Danjijela u sobu, pored doručka, donela i bateriju.

Ujutru smo doručkovali, posle čega sam poravnao svoju kosu na tri milimetra, i bili smo spremni za drugu posetu deda Ivu. Kada smo stigli u penzionersko naselje starac je bio sam, a tetka na svom primarnom radnom mestu -staračkom domu. Ivo nam ponudi kafu, ali predloži da je ipak Gabrijela skuva, pošto, kako se sam našalio, nije navikao da sam pije i kuva. Sedeo je u svojoj fotelji namešten u istu pozu kao prošlog dana, dok sam ja sedeo na kauču preko puta, i neobavezno ćaskao s'njim čekajući kafu. Na upaljenom televizoru se prikazivao neki dokumentarni film, koji je on očigledno gledao pre nego što smo stigli. Povremeno je u toku razgovora bacao pogled ka ekranu, zadržavajući ga par sekundi na njemu, a onda se opet okretao ka meni i nastavljao razgovor. Kafa je vrlo brzo bila gotova, pa se razgovoru pridružila i Gabrijela. Deda Ivo je nastavio nas rešeta pitanjima koja nije stigao da postavi prethodni dan. Zanimalo ga je da li imamo dece, zašto nemamo, šta čekamo, koje smo škole završili, koliko dugo smo u braku itd. Posebno ga je obradovalo to što sam ja pohađao Mašinski Fakultet, jer je on, kako je rekao, bio mašinki inženjer, što nas je, kako je dalje govorio, činilo kolegama, bez obzira što sam ja napustio studije na drugoj godini. Ja sam bio inženjer onoliko koliko je i on bio košarkaški trener, ali nisam hteo da protivurečim ljubaznom Ivi, te sam ćutke prihvatio svoje novo zvanje. Još ga je zanimalo kako Beograd izgleda danas, šta se promenilo od vremena kada je on bio kući, da li i dalje radi kafana Znak pitanja, bioskop Balkan, i još neke druge institucije koje je on pamtio. Dok sam mu objašnjavao da je restoran Venecija prenamenjen u kineski restoran, coktao je negodovajući, uzdahivao premeštajući prste iz jedne u drugu šaku... a onda se odjednom naglo okrete ka televizoru i prekide me u sred rečenice.

"Ček, ček! Evo je! Ovu sam ja dizajnirao! Gledaj!", pokazivao je prstom na televizor.

"Prevodi šta kažu!", govori Gabrijeli dok se podiže iz fotelje i prilazi korak bliže televizoru, oslanjajući se na štap.

"Pa kažu da je raketa dizajnirana u Nemačkoj, da je jedna od prvih navigacionih raketa u svetu... zapremine... dometa...", zbunjeno je prevodila Gabrijela dok je Ivo nije prekinuo.

"Jeste! Sve su tačno rekli! Mada, nisam baš siguran da nismo bili prvi, ali ajde, neka im!", zadovoljno se vraća u fotelju klimajući glavom.

Ja sam gledao u čudu, prvo u ekran na kome se i dalje prikazivao dokumentarni program, a onda u simpatičnog, uzbuđenog Iva koji tera Gabrijelu da mu prevodi. Na televiziji su se mogle videti nekakve rakete pozamašne veličine, potom stručnjaci koji detaljno objašnjavaju kojekakve skice i nacrtane planove. Sudeći po kvalitetu slike, ova emisija je bila snimljena mnogo godina ranije.

"Vi ste radili na dizajniranju raketa?", upitao sam.

"Jesam.", ponosno mi odgovori Ivo.

"U Nemačkoj?", opet pitam ne bih li potvrdio šta sam malo pre čuo.

"Pa znaš kako kolega, posle zatvora u Jugoslaviji nisam baš mogao da biram zemlju u kojoj ću raditi.", šaljivo mi odgovori.

"Ako smem da pitam, zašto ste bili u zatvoru?", oprezno izgovaram, plašeći se da ga slučajno ne uvredi moje pitanje.

"Pevao sam neke pesme u kafani.", smeškajući se mi daje, vidno neistinit odgovor, a onda se okrenuo ka Gabrijeli da joj se zahvali jer mu je prevodila dokumentarac, uz reči: "Prkoleti jezik, preko četrdeset godina živim u Americi i tek pod stare dane sam primoran da ga učim!".

Tetka je stigla tačno u vreme ručka, pravo sa vrata utrčavši u kuhinju. Kada je završila sa pripremom hrane i postavljanjem stola, pozvala nas je da pređemo iz dnevne sobe u onu za ručavanje. Hrana je bila prava srpska, domaća. Na stolu su se našli mladi krompirići, celo pečeno pile i šopska salata. Ubrzo su od pileta ostale samo kosti, a deda Ivo i ja smo prijateljski podelili moču iz pleha, koju smo potom zalili hladim pivom. Nakon ručka, Gabrijela i ja smo rešili da idemo, te smo ustali i to saopštili prisutnima.

"Ali gde ćete?! Pa baš ste malo sedeli!", čula se tetka iz kuhinje dok smo se mi pozdravljali sa deda Ivom.

"Ma pusti decu, od jutros mi prave društvo, neka idu da malo obiđu grad.", dovikivao je Ivo dok mi je tresao ruku pozdravljajući se.

"A oni su još jutros došli? Ja sam mislila da su došli malo pre mene... i zbog mene... ipak sam ja tetka... Pa dobro, onda se vidimo sutra.", nezadovoljno pruža ruku ka nama. Pomislio sam "Bolje da ne pričamo o tome kakva si tetka", ali sam se držao dostojnstveno i ljubazno otpozdravio tetki.

Odlučili smo da poslušamo deda Iva i pre hotela odemo u obilazak grada. Opšti utisak San Dijega je vrlo pozitivan, činilo se da je to grad u kome bi se moglo živeti. Dok smo razgledali ulice kojima smo se vozili, Gabrijeli je stigla poruka od tetke; pozvala nas je da sutra ujutru, posle njenog polaganja za licencu za rad sa mentalno-nerazvijenim osobama, odemo zajedno na kafu. Prihvatili smo, svakako nam je dobrodošao vodič kroz grad, a i besplatna kafa, možda i ručak, uopšte nisu zvučali loše.

Sledećeg jutra smo se dovezli na lokaciju koju nam je tetka poslala. Nalazili smo se svega pedesetak metara od plaže u San Dijegu, tako da smo odlučili da na plaži sačekamo tetku. Raširili smo peškir, koji se neplanirano već par dana vozikao sa nama u kolima, raskomotili se, pustili muziku i opustili se kraj vode. Probao sam da se okupam, ali je Pacifik bio tiliko hladan, da sam jedva ušao do kolena, potom se brzinski vratio na suvo tle. Preko nas su preletali galebovi, a bilo ih je i po plaži svuda oko nas; nespretno su hodali po pesku prevrtajući svakojako đubre u potrazi za hranom. Na stenama su se mogle videti foke koje se sunčaju, verovatno se tu skivajući od ajkula kojih je, kako sam čuo, bilo u ovim vodama.

Tetka je svojom pojavom rasterala galebove oko nas. Mlatarujući rukama, vikala je:

"Položila, položila!", aludirajući da je dobila licencu koju je nekoliko puta pominjala. Ovoga puta se moglo videti da se potrudila da izgleda bolje nego prošli put, mada brkove i dalje nije počupala. Žućkastu pidžamu je zamenila farmerkama i belom bluzom sa V izrazom, na očima je imala iste braon naočare, a torba je ovoga puta bila veća. Tek što je prišla, bacila ju je na peškir pored nas i, čini mi se pomalo zgroženo, zapitala se kakvu to muziku slušamo. Na repertoaru se mogao čuti hit iz tetkine mladosti poznatog pevača sa naših prostora, pa me malo začudi njena reakcija.

"Eto kakvi smo mi tamo dole, kod nas je sve neka patnja, tuga, bol... mi ne znamo ni za šta drugo, već samo da sažaljevamo sebe. Zato nam i jeste tako kako jeste. A vidi američke pesme! Mnogo su bolje, srećnije... ma lepše su brate slatki!", tvrdila je uzbuđena, dok smo je mi gledali ne kapirajući kuda ide ovaj razgovor. Ali tetka sede na peškir, uze malo vazduha pa nastavi:

"U Americi je sve bolje, lepše, veće! Veće su plate, veći je standard, bolja su kola... ma i obroci u restoranima su im veći! A mi samo ratujemo nešto, mi ne znamo da živimo u miru! Kad ne ratujemo, onda se stalno svađamo. Samo da nije mir. ".

Slušam šta priča, i ne mogu da verujem šta slušam. Pokušavam da je prekinem upadicom između dve rečenice dok hvata vazduh:

"Pa tetka, ne ratujemo samo mi, ratuju i Amerikanci.", hladnokrvno joj uzvraćam iščekujući odgovor.

"Ama znam da ratuju ali ne ratuju kao mi! Oni to, nekako, gospodski! Eto, tako! Oni i kad ratuju nisu tako krvoločni kao mi!", sva zajapurena brani svoju, očigledno, novu domovinu.

"Jeste tetka, oni to sve u svilenim rukavicama.", hladnokrvno joj dobacujem dok odlazim da još jednom probam da se okupam. Bio sam spreman da na silu uđem u hladnu vodu, samo da ne slušam njene gluposti. Inače se ježim na teme o ratovima, ali nikad do tad nisam čuo da neko upoređuje čiji rat je bio gospodskiji. Rat je rat, svaki je pogrešan, i nijedan nije gospodski, ali ko će to objasniti tetki... ja nisam imao živaca.

Ponovo sam uspeo da uđem u vodu pokvasivši se samo do kolena, ali sam se ovoga puta tu zadržao malo duže. Posle desetak minuta sam rešio da se vratim na peškir, nadajući se da je tema ko je veći gospodin, ko bolji, a ko lepši, gotova. Približavajući se sam mogao da čujem kako tetka prepričava Gabrijeli priču u kojoj njen brat, a tetkin sin, kupuje jastuk koji hladi ili greje, u zavisnosti od želje konzumenta, da je platio čitavih sto pedeset dolara za to čudo tehnologije, jer ima! Pomislim "Dobro je, bolje da priča o sinu nego o prethodim temema", a onda se spustim na peškir. Dok je pokušavala da objasni kako njenog sina u Srbiji bolje usluže ako kaže da živi u Americi, zvonio joj je telefon.

"Na plaži smo, čekamo te.", otkirla je tetka našu lokaciju nekom sa druge stane žice.

"U redu, evo krećemo, tamo ćemo se naći.", potom prekide vezu. Neko nas je očigledno čekao, ali mi još nismo znali ko.

Tetka nam je prenela pozdrave izvesnog Bojana. "To je onaj isti čovek kome je tek iz trećeg puta uspela da objasni da smo u Barstovu", mislim ja u sebi, a onda se nasmešim i počnem da ustajem kako bismo spakovali peškir. Dok su se njih dve spremale za polazak, meni su se u mislima vratile scene od pre neku noć, i tetka koja se dere "Baril Bojane! Baril!". Ovoga puta sam pored zvuka mogao da zamislim i vizuelni prizor, što je prouzrokovalo kratki grohot smeha koji je jednostavano sam iskočio iz mene. Nagnute ka peškiru skupljajući stvari sa peska, one se obe okretoše ka meni, dok sam se ja borio da ostanem pribran pretvarajući se da gledam galebove koji su se u međuvremenu vratili oko nas.

Sa plaže smo krenuli na obližnje šetalište, kojim smo išli neko vreme, dok se najzad nismo sreli sa pomenutim Bojanom. Pre susreta, tetka je imala taman toliko vremena da nam objasni kako je Boki njen čovek, šta god to značilo, da je nedavno izašao iz zatvora u Čikagu, ali da to nije kao kod nas, da je u Americi savim normalno da čovek malo tamo odleži. Oni se, kako se tetka izrazila, malo druže, i on planira da se totalno preseli u Kalifornju, malo zbog posla, a malo i zbog nje. Bio je to visok čovek, i osim njegove visine, ništa drugo nije bilo upečatljivo na njemu. Normalnog izgleda, u pedesetim godinama, sa crnim naočarama za sunce, u plavoj polo majici i farmerkama... na prvi pogled je odavao utisak finog čoveka. Pošto smo se upoznali, predložio je da ručamo u restoranu koji se nalazio na brdu iznad nas. Tvrdio je kako je pogled odatle fenomenalan, a hrana solidna.

Dok smo se šetali ulicama San Dijega, tetka i Boki su išli ispred nas, a mi smo zaostajali korak-dva iza njih. Tetka se držala oko Bokijeve ruke, dok je on obe držao u džepovima. Na putu do restorana se zaista imalo šta videti. Pored nas su prolazili skupoceni i, rekao bih, unikatni automobili nesvakidašnjih boja, izlozi u buticima su obilovali glamuroznom garderobom, a juvelirnice su šljaštile od količine nakita u njima. Sve je bilo "high class", kako bi tetka rekla. Razgledajući okolo, ona se preko ramena obrati Gabrijeli koja se više koncentrisala na hod po uzbrdo strmoj ulici nego na izloge oko nas.

"Gabrijela, da nisi slučajno negde zapazila Svarovski prodavnicu?", dovikivala je tetka kao da smo jedan kilometar iza njih, a ne jedan korak.

"Molim? Nisam.", hvatala je Gabrijela dah između dve reči.

"Šteta, ja samo tamo kupujem.", i dalje priča preglasno," od bižuterije dobijam hospice. A parfimeriju? Jel si videla možda?".

"Nisam tetka. Koliko još dugo imamo da pešačimo?", uzdiše dok joj odgovara kao da je trčala maraton.

"Evo nas tu smo.", ubacuje se Bojan i pokazuje prstom na restoran pored nas.

Čim smo seli, tetka je nastavila tamo gde je za trenutak zastala dok smo išli uzbrdo:

"A ti Gabrijela ne voliš parfeme?"

"Volim tetka, veruj mi, imam ih i previše.", polako dolazi do daha.

"A jel? A koji ti je omiljeni?", znatiželjno tetka izbeči oči ka Gabrijeli.

“Pa trenutno koristim Oud (Ud-arapski parfem). Taj mi je trenutno najdraži.”

“A taj. Znam, znam. Čula sam za njega.”, neuverljivo tvrdi tetka, “Moj omiljeni parfem je Madam.. Madmadam... tako nešto!”.

“Madmazel tetka, na taj misliš?”, ispravlja je Gabrijela pokušavajući da se ne nasmeje.

“E taj! Njega baš volim. Stalno ga koristim!”, unezgodila se tetka pokušavajući da je uveri da zna tačno o kom je parfemu reč.

Na tetkinu sreću, razgovor o parfemima je prekinuo konobar u želji da primi porudžbinu. Odlučili smo se da pre jela popijemo kafu, jer smo svi rano ustali, a i naš narod inače traži razloge da pije puno kafe. Gabrijela se odlučila za kapućino, ja sam kao i uvek naručio što veći amerikano, a dvoje “prijatelja” sa druge strane stola makijato. Tetka se obrati konobaru da makijato obavezno bude srednji, objašnjavajući da ona uvek i samo takav makijato pije. Konobar je zbunjeno pogleda, a onda joj ljubazno objasni kako makijato ima samo jednu veličinu, i da je makijato kao takav u svakom uslužnom mestu. Ona se namrgodi, i odmahujući mu rukom poruči da je u redu, i da donese taj njihov makijato, kad već nemaju taj koji ona stalno pije.

Dok su kafe stigle, odlučili smo se za hranu koju ćemo poručiti, a onda smo čekajući obroke, ćaskali uz svoja pića. Tetki su se na brkovima zadržavali ostatci pene koju nije uspela da posrče pijuckajući svoj makijato, a meni je taj prizor bio zanimljiviji od pogleda na ceo Pacifik koji se pružao sa terase restorana. Bio je uzbudljiviji čak i od razgovora koji se u tom trenutku vodio, tako da sam se na kratko isključio iz njega, posmatrajući tetkine, ovoga puta, bele brkove. Počeo sam da mislim da ih zapravo nosi sa ponosom, jer nije bilo moguće da ih nije primećivala.

Ručak je bio gotov, a nedugo zatim i naše viđanje. Zajedno smo se spustili niz istu ulicu kojim smo došli, a onda je svako seo u svoj auto. Dok smo se rastajali, dogovorili smo se da se sutra vidimo kod deda Iva, po poslednji put. Upalo mi je u oči da je Boki seo na mesto vozača, dok se tetka ovoga puta u Mercedesu vozila kao suvozač. Dok su se isparkiravali, tetka je maramicom prelazila preko usana gledajući se u retrovizoru. Mercedes nam se ubrzo izgubio iz vida, a mi smo još neko vreme ostali u kolima, upijajući pogledom obrise San Dijega, sabirajući utiske i planirajući ostatak tog, ali i sledećeg dana. Ostao nam još samo jedan u Americi, i slagao bih kada bih rekao da mi nije bilo drago. Dvadeset i devet dana na proputovanju kroz Ameriku, dvadeset i devet dana planiranja dan-za-dan, dvadest i devet dana uzbuđujenja, stresa, neizvesnosti... sve je bilo iza nas. Još jedan, trideseti dan ispred nas, koji nas je delio do povratka kući.

# Povratak

Moram priznati da mi je poslednji dan ovog našeg proputovanja vrlo maglovit. Ne pamtim najbolje to poslednje jutro, ne sećam se kako je proteklo, čak se ne sećam ni puta do penzionerskog naselja, šta smo tamo radili ni kako smo se pozdravili sa tetkom. Jedino čega se pouzdano sećam je rastanak sa deda Ivom. Stisak ruke, po koju suzu koja se slila u strčeve brkove, i ponudu da ostanemo kod njega i pokušamo da se snađemo u Americi dobro pamtim, kao i rečenicu da ako se ikad predomislimo i rešimo da opet pređemo preko bare, budemo njegovi gosti. Nikad ranije nisam sreo nekog sličnog deda Ivi. Nisam znao mnogo o njemu, a to malo što sam znao mi je samo otežavalo da razumem o kakvom se čoveku radilo, a opet, u njegovom društvu sam se osećao kao da sedim sa nekim vrlo bliskim. Zar to nije čudno? Bio nam je prava enigma, a sa druge strane smo ga za vrlo kratko vreme doživeli kao svog. A sa one treće strane, imali smo tetku, koja je u životu jednog od nas dvoje bila vrlo prisutna, i koju je jedno od nas vrlo dobro poznavalo sa svim svojim manama i vrlinama, a ja ne bih mogao da vam se zakunem da je pozdrav sa njom bio i upola dirljiv kao sa deda Ivom. Još čudnije, zar ne?

Moje maglovito sećanje prestaje na putu za aerodrom, kada smo promašili skretanje i otišli dvadesetak kilometara u suprotnom pravcu od željenog.

"Kada su dvadeset i devet dana protekli u frci, zašto bi ovaj trideseti bio izuzetak?!", komentarisali smo dok pokušavali okrenemo auto u ispravnom pravcu. Na našu sreću, poučeni prethodim iskustvima, krenuli smo na vreme ka aerodromu, tako da se ova vožnja mogla klasifikovati kao poslednji obilazak grada. Ako izuzmemo to da su nam naplatili prtljag pod izgovorom da nosimo više od predviđene kilaze, na aerodromu San Dijego smo prošli bez problema, kao i na aerodromu u Njujorku. Let do Beograda je takođe protekao u najboljem redu, kao i svaki drugi, normalan let... Naravno, ako zanemarimo albansku državljanku zrelih godina koja je ceo let pokušavala da se nasloni na Gabrijelino krilo ne bi se pružila preko ostala dva prazna sedišta pored nje. Žena nije pričala engleski, tako da je bez ikakvog prethodnog razgovora ili bar gestikulacije, spustila glavu na njeno krilo i prijatno se ušuškala za ostatak leta. Pošto je mirno sedela gledajući film, i nije očekivala nikog u svom krilu, čak ni mene, Gabrijela je reagovala instiktivno tako što je odgurnula glavu iz svog krila. Zbunjena žena je još par puta pokušala da se vrati u položaj koji joj je očigledno prijao, ali je Gabrijela odbijala napade. Pokušavala je da joj objasni, prvo na engleskom a onda na srpskom, da ne može da leži u njenom krilu, i da ako baš hoće, ima ta dva slobodna sedišta, a da ona ne da ovo njeno jedno. Dok joj je objašnjavala, držeći je za ramena ne bi li se opet bacila u njeno krilo, žena izvadi krst koji je nosila ispod bluze, uperi ga ka Gabrijeli, i uz reči "Katolik! Jo musliman!" ju je ponizno gledala. Gabrijela se okrete ka meni, ne bi li potvrdila da je ovaj njen gest protumačila ispravno, jer kako je ona razumela, nije joj dozvoljavala da legne u krilo jer je mislila da se radi o ženi muslimanske veroispovesti, ali sada kada zna da to nije slučaj, trebalo bi drastično da promeni mišljenje i dozvoli joj da se ispruži. Nismo mogli da shvatimo na koji način su religija i ležanje preko sedišta u avionu povezani, i zašto bi katolici mogli da legnu a muslimani ne. Ja sam se cerekao u sedištu pored, govoreći joj da je njeno razmišljanje verovatno ispravno, pošto se žena u međuvremenu, dok je Gabrijela bila okrenuta prema meni, vratila u njeno krilo. Odustala je! Žena je ostatak leta preležala, a Gabrijela je sa zgrčenom butinom sletela u Beograd... kao što rekoh, normalan let.

Logično je bilo da su se Gabrijelini više uželeli nje nego mene, kao što su se moji mene; zato smo se na aerodromu rastali na kratko (na dan-dva). Ona se sa bratom odvezla u njihovu porodičnu kuću, dok je mene, kao i uvek, na parkingu sačekao Dragance. Bez obzira kada i u koje doba slećem u Beograd, moj dobri Draganče bi uvek i obavezno otkazivao sve svoje obaveze ne bi li sačekao sina iz tuđine. Crvena Škoda je čekala na parkingu, a on je, sa cigaretom u zubima i crnom torbicom oko ramena, čekao ispred velikih kliznih vrata iznad kojih je pisalo "Arrivals/Dolasci". Do kuće je već tradicionalno uspeo da zadimi svu unutrašnjost Škode, a ja sam, takođe tradicionalno, prepričavao dogodovštine sa leta. Iz nekog razloga, uvek priču odmotavam unazad, od puta avionom, čekanja na aerodromu, preko dolaska na aerodrom, pakovanja za put i tako dalje. Valjda me je on pitanjima navodio da tako pričam.

Taj prvi dan dolaska u Beograd, iako pun uzbuđenja i radosti, je uvek pomalo haotičan. Takav je bio svaki put, i kada sam se vraćao iz Dubaija dolazeći na dvonedeljne odmore, a i onda kada sam dolazio iz Amerike na letnje raspuste između dve školske godine. Tog dana, imam utisak da čovek poseduje više kontradiktornih fizičkih i psihičkih stanja u sebi; srećan je, uzbuđujen sa malom dozom adrenalina jer je ipak kući, a opet je i umoran, pospan i mrzovoljan od leta i prethodnog perioda života, i ima utisak da bi mogao momentalno leći u krevet. Po odlasku u krevet, utisak je kao da je to ispravan potez i da bi jedna mala dremka istisnula sav taj umor i mrzovolju iz tela, ali adrenalin čini svoje i ne dozvoljava osobi da utone u san. Zato se tog prvog dana motam po stanu kod mojih, legnem u krevet i ustanem iz njega po četiri, pet puta u toku dana, a između pokušaja da dremnem sedim i ćaskam sa mojima, popijem nebrojano mnogo kafe, i čekam da konačno zaspim. Čak su i ispijanje kafe i želja za snom kontradiktorni.

Drugi dan je uvek mnogo konkretniji, izgleda kao i svaki drugi, regularan dan, s'tim što se i dalje oseća blagi umor od letenja. Tog drugog dana, pili smo porodično jutarnju kafu gledajući gluposti na televiziji, kada me je Gabrijela pozvala, i najavila posetu kod mojih, preneći mi još jednu malu, potencijalno dobru vest.

"Dolazi Gabrijela, ostaće ovde par dana.", prenosim mojima koji zure u televizor.

"Pa neka dođe, ovo je i njena kuća!", progovara Dragan iz fotelje i dalje gledajući u televizor, dok je oko njega kružio oblak dima.

"Kaže, zvali je sa Malte zbog posla, zvuči dobro, treba da se čuju danas oko uslova. Mislim da će se dogovoriti.", pričam iako me niko ne gleda, mada znam da me slušaju.

"Sa Malte?! Pa to je ostrvo manje od Zemuna! Tamo nema košarke! Šta ćeš ti raditi tamo kad nema košarke!", čuje se Draganče kroz gust dim cigarete, toliko da se samo njegova silueta može videti.

"Ma ima, svuda ima košarke.", smireno odgovaram i uzimam telefon u ruke. "Evo, imaju i seniorsku ligu, ima šest klubova."

"Šest klubova!? Samo šest klubova?! I ti misliš da ćeš naći posao?! Pa ti nisi normalan!", odmahuje mi rukom, terajući dim od sebe.

"Znači, ti misliš da neću raditi košarku na Malti?", smeška mi se brk, dok držim telefon u ruci i čekam odgovor.

"Nema šanse! Danas je teško naći posao!", i dalje gleda u televizor, dok je dim od cigare sve veći.

Kupim kafu sa stola i odlazim u sobu, sedam u stolicu za pisaćim stolom i palim lap-top... pretražujem "Košarka Malta Poslovi".

Niko ne može da te motiviše kao rođeni otac.


*Al Semlin*

# Don't miss out!

Visit the website below and you can sign up to receive emails whenever Al Semlin publishes a new book. There's no charge and no obligation.

https://books2read.com/r/B-A-LOPWC-LIMLF

Connecting independent readers to independent writers.

# About the Author

The author writes under the pseudonym Al Semlin. The pseudonym is an abbreviation of his first name, while the last name is inspired by the name of the place where he grew up. Although he is Serbian, Al Semlin considers himself a "citizen of the world," having lived in ten different countries and not planning to stop at this number. His literary work is deeply rooted in his life experiences, which he has transformed into stories — some true, some fictional — all of which have left a mark on a piece of paper. Although the author has never sought to tie himself to a single genre, his work often contains elements of comedy, drama, fantasy, and social satire, drawing inspiration from everyday situations, people he has met, and places he has visited. With each new story, he explores the boundaries of his creativity, striving to provide readers with unforgettable experiences. This is just the beginning of his literary journey, which, as he claims, serves as a form of personal therapy and liberation for him.

www.ingramcontent.com/pod-product-compliance
Lightning Source LLC
Chambersburg PA
CBHW051841130726

47987CB00002B/639